佐賀学ブックレット⑤

佐賀・九州の南方開拓者たち

副島八十六・田中丸善蔵・石橋正二郎

山﨑　功

南洋庁庁舎。パラオのコロールに本庁が設置され，サイパン，ヤップ，パラオ，トラック，ポナペ，ヤルートの６つの島に支庁が置かれた

サイパン市街の一部

ヤップ島の郵便局

戦前期ジャワの在留邦人の店舗（1916年撮影）

チャモロ族の一家（サイパン）

贈られた田中丸家の紋付を着て写真にうつる
酋長たちと田中丸

二代目田中丸善蔵

南洋視察後、田中丸が社長に就任
した南洋貿易株式会社本社

サイパン島の富豪アントニー氏の令嬢と
遊山に出かける田中丸

大正３年10月，田中丸ら南洋視察団を乗せて
横浜港を出港する日邦丸（3300トン）。同年
12月中旬，兵庫港へ帰港

田中丸随行の視察団幹部と日邦丸船上

自家製の大看板を掲げた志まやたび本店

日本足袋本社，工場（1932年）

志まやたび工場

青島ゴム工業青島工場

軍から経営委託されたグッドイヤー社ジャワ工場

佐賀の役殉国十三烈士の碑（佐賀城内）

佐賀の役記念碑（佐賀市万部島）

島義勇判官銅像（北海道神宮境内）。江藤新平とともに佐賀の役で主導的な役割を担った

インドネシア独立記念塔（ジャカルタ）

原口竹次郎（1882–1951）。南洋経済調査の専門家として、また蘭領東インドを拠点とした実業家として成功をおさめる（後藤乾一『原口竹次郎の生涯』）

市来龍夫（1906–1949）。インドネシア民族運動に深く関わり、アブドゥル・ラフマンの名でインドネシア独立戦争に参加。壮絶な最後を遂げる（後藤乾一『火の海の墓標』）

写真＝南洋庁『南洋群島写真帖』（一九三二年、国立国会図書館蔵）、南洋協会南洋群島支部『日本の南洋群島』（一九三五年）、『佐世保玉屋五十年のあゆみ』（一九六七年）、『ブリヂストンタイヤ五十年史』（一九八二年）

はじめに

このブックレットでは、筆者が取り組んでいる日本＝東南アジア関係史における佐賀・九州要因、とりわけ副島八十六、田中丸善蔵、そして石橋正二郎の三人の南方との関わりを紹介したいと思います。これら三人の南方開拓の先駆者としての半生は、いずれも既発表のものですが、刊行後年数を経て、入手困難や品切れとなっています。そこで今回、「佐賀大学地域間交流分析に基づく佐賀地域の歴史文化研究――地域学の発展に向けて――（交流プロジェクト・伊東昭弘代表・佐賀大学地域学歴史文化研究センター）」の助成により、注などを簡略化して補筆とりまとめ、地域のみなさんにもよんでいただきやすい地域学ブックレットとして海鳥社より刊行いただけることになりました。関係各位に心より御礼申し上げます。

筆者は、佐賀・アジア主義人脈のふたつの流れ、大隈の「軽薄」とも評される合理主義と江藤新平、島義勇らの狂おしいまでの非合理的な熱情、このふたつの間で揺れ動きつつもアジアへの独特の思いを貫いた佐賀・九州出身の明治の青年たちの見た南方イメージと開拓精神に魅かれています。日清・日露戦争を経て日本の帝国主義の「制度化（官制化）」に直面し、政府にとってはいわば「用済み」となった対外硬・アジア主義者の「梁山泊」と化し衰退した「東邦協会」・佐賀人脈が、一方で長州藩閥及び政友会を中心とした政党政治と対英米協調の時代に、伏流化して地下水脈を形成していきます。この水脈はのちの対米英開戦へと連なる昭和期南進を推進した汎アジア主義勢力となります。江藤新平、島義勇から市来龍夫に連なる非合理的なまでの狂おしい熱情は、アジア侵略の陥穽と隣り合わせの危うさも持ちながら、草の根レベルでのインドネシア独立というアジア主義の理想に結実しました。

一方で、南・東南アジアを射程に入れた平和的経済南進を唱道した副島八十六や田中丸善蔵、石橋正二郎といった、南洋に活路を見出した明治リベラリストの気骨あふれる先駆的企業人らを輩出している事実もあります。つまり、これまで知られることのなかった佐賀・九州人脈の多様な伏流の中に、良質なアジア提携と欧米との協調交流を併せ持った「アジア主義」創出の可能性があったのではないかと考えています。大隈に代表される合理主義と江藤・島の流れをくむ激しい伝統回帰の熱情、この佐賀の育んだ両極的な特性の解明と近代日本・アジアに与えた影響の分析を通じて、近代日本の「アジア主義」の限界と可能性を見出そうと模索を続けています。

このブックレットでは、筆者の大好きな明治生まれを代表する南方専門家・アジア主義者副島八十六、玉屋創業二代田中丸善蔵とミクロネシア、マーシャル諸島など当時「南洋群島」と呼ばれた島々とのかかわりを紹介しています。特に戦前期日本の南洋経済進出を担ってきた南洋貿易株式会社の短期間ながら驚異的な発展を田中丸善蔵がリードし、中途で夢破れたことは、田中丸善蔵の名を近代日本の南方関与の歴史に鮮明にとどめることになったといえます。また、同時代を生き、大隈に見出されて南洋エキスパートとして頭角を現した副島八十六もまた、佐賀を代表する南進の先達です。

さらに佐賀・九州の視点から、福岡県久留米に創業され、その後世界的な企業として知られるようになるブリヂストンのアジア・南方との関わりについて考察を試みています。副島と田中丸はとりわけ第一次大戦を画期として南方開拓をリードしましたが、石橋正二郎もまた第一次大戦を転換点として複雑化する日本の対欧米・対アジア関係の中で時代の奔流とともに生きた人物でした。石橋はブリヂストンの企業戦略としてときには政府や軍部と妥協・協調しながらも、決してそのいいなりのままになることなく長期的な視野に立ち、揺るぎない信念を以て経営に努めていたことを、とりわけ太平洋戦争下ジャワとの関わりの一端に見出すことができると思います。

二〇一七年二月吉日

山崎　功

佐賀・九州の南方開拓者たち
副島八十六・田中丸善蔵・石橋正二郎

目次

佐賀・九州の南方開拓者たち

副島八十六・田中丸善蔵・石橋正二郎

近代日本の「一等国」への道程とアジア進出

近代日本・九州と「南洋」進出の「先駆」

鎖国時代を経て日本が再びアジア世界に「公式」に登場するのは明治期以降のことである。日本の東南アジア進出の「尖兵」として忘れてはならないのは熊本県天草、島原地方出身者を中心とした「からゆきさん」の存在であろう。貴重な外貨獲得源として当初は人々の尊敬さえ受けた彼女らは、筑豊、佐賀、長崎の炭鉱、北九州各港の繁栄と切り離して考えることはできない。「からゆきさん」の多くが実は石炭貨物船の船倉にもぐりこませるかたちで密航させられていたことは、九州の石炭産業とアジアとのかかわりを考える上で非常に象徴的なことである。(1) 森崎和江の『からゆきさん』、山崎朋子『サンダカン八番娼館』、火野葦平の『花と龍』をはじめ、幾多の文学作品、手記などを通じて日本の近代化過程における北部九州の役割と過酷な実態、アジアとの関わりを今知ることができる。明治以降の日本人の南方進出は、「からゆきさん」の渡航にはじまり、娼館、彼女らの身の回り品を扱う雑貨商、写真館、ランドリー、またトコ・ジュパン（マレー語で日本の店）と呼ばれた雑貨・薬の行商人など、多種多様な人々がそれに続いていったのである。日本人街が形成され、日露戦争以降、さらに多くの日本人が東南アジアに渡航していった。特に日本の「正露丸」（当時は「征露丸」）や「仁丹」などの一般民間薬を、医者に満足にかかれない東南アジアの一般庶民に売り歩く、軍服姿の日本人行商の姿が各地でみられたという。日露戦争後の「白人の大国ロシアを打ち破った黄色人種の日本」のイメージも相まって、現地の庶民の間で大人気を博したといわれている。当時ジャワの庶民の間で流行した頭文字遊びに、ＪＩＮＴＡＮがある。これはマレー語の Jenderal Ini Nanti Tolong Anak Negeri（「この将軍はやがて我が民族の子等を救う」の意）の頭文字をつなげたもので、ＪＩＮＴＡＮは文字通り「仁丹」を指す。「仁丹」の商標マークはいうまでもなく大礼服を着た将軍であり、「征露丸」も日露戦争をきっかけに広まった大衆薬であった。ジャワには「やがて北から小さな黄色い人がやってきて、ジャワを白い人の支配から解放するであろう」とするジョヨボヨの予言といわれる民間伝承があり、日露戦争でロシアを打ち破った黄色人種日本人に対する好意と期待がこれと結びついたものと考えられている。[2]

ことに十九世紀末は諸列強による東南アジア分割がほぼ完了、ジョホールのゴムプランテーション農園、イポーの錫鉱山、メダンのタバコプランテーション農園など各地において本格的な植民地開発が開始された時期であった。開発に伴い、中国からのクーリー（苦力）と呼ばれた労働者をはじめインド、アラブ、また欧米や日本など多様な人々が東南アジアに流入、近代植民地社会の底辺を形成していくことになる。

こうした男たちの集まる各地には、アークーと呼ばれた中国系、またのちにからゆきさんと呼ばれた日系の娼婦たちを集めた娼館が次々と開かれていくことになる。だが、こうした各地に散在する娼館にいた娼婦たちの数を優に上回る一八〇〇を超える数の娼婦たちが一八九〇年ごろまでにはシンガポールに存在していたという。[3] Ｊ・Ｆ・ウォーレンは、東南アジア植民地社会形成の歴史を明らかにするなかで、植民地建設の「正史」からは置き去りにされ、歴史研究者の関心も必ずしも高くなかったこうした「底辺」に生きた労働者、娼婦たちに光を当てるとともに、近代日本の南方進出における先駆としての「からゆきさん」の実態を明らかにする大きな成果を残している。ウォーレンの指摘するように、ことに十九世紀末の英領シンガポールの商業的発展の栄光の背後にはこうした「人身売買」の影の部分があったこともまた事実である。

シンガポールに、東南アジアでも最大規模の日本人墓地がある。一八九一（明治二十四）年、正式の日本人共有墓地として許可開設されて以来、墓碑の数九一〇基、一〇一四柱の御霊が今も赤道下の南国の土に眠り続けている。この墓地の歴史は、そのまま日本の南方関与の歴史と重なるものとなってきた。なかでももっとも古い墓は一八八九（明治二十二）年に現地で亡くなった長崎県出身の女性のもので、シンガポールの居住地から、からゆきさんであったと推測されている。有名なものでは、ヨーロッパからの帰途インド洋上で客死しシンガポールで荼毘に付された二葉亭四迷の碑、また敗戦後この地で病没した南方総軍司令官寺内寿一の墓などがよく知られている。明治期三〇九柱、大正期一二二柱、昭和期（四十八年まで）四九四柱という。大正昭和を通じて太平洋戦争開戦までの墓の多くはからゆきさんやあるいは商社員のものであるが、一九四一（昭和十六）年以降は軍人・軍属のものが大部分を占めている。敗戦後の戦犯裁判で刑死した軍人・軍属一四六柱の慰霊碑もある。まさに近代日本の南方関与の歴史がここにある。

明治以降、近代日本の南方進出の先駆となったからゆきさんの墓標の多くは戒名も俗名もなく、ただ「精霊菩提」とのみ記された小さな石柱であり、これらの小さな墓標が並ぶさまは改めて彼女たちの過酷な生涯を想起させるものとなっている。

特に明治期の墓碑三〇九柱のうち、俗名や戒名の確認できるものの多くは熊本県天草、長崎県島原・大浦など、多くの「からゆきさん」の出身地とされるものがほとんどで、これらの御霊の多くがからゆきさんであったことを推測させる。このほか、はっきりと確認できるものだけでも、十四の佐賀出身者の墓標が確認できる。これらの御霊はいずれも立派な墓碑が確認できるものであり、多くの無名の御霊とは段違いに恵まれたものとなっている。[4] ともあれこれらをみるだけでも、佐賀と南方の関わりの深さの一端を垣間見ることができるのではないだろうか。

また、明治三十年代当時、シンガポール在留邦人六一四名、うち女性が四五六名を占めていたとの資料が

シンガポール日本人墓地にある、多くが無名の「からゆきさん」の墓標

ある。また、海外の日本領事館による「領事報告」を調査した清水元によれば一九〇二（明治三十五）年現在、シンガポールにおける「からゆきさん」の出身県は、長崎県の一八七人を筆頭に熊本県九十六人、山口県二十九人、福岡県二十二人、佐賀県が十九人としている（清水元『アジア海人の思想と行動』）。

多くの日本女性たちが「からゆきさん」として赤道下の日々を送るなか、南進論者・事業家として著名な佐賀出身の副島八十六は、「ジョホール及びマラッカを『探検』し」ている。

頭に戴ける大形の白帽は、以て赤道直下の日射を防ぐに足り、足に穿てる日本製の軍用靴は、以て焦土爍地を踏破するに足る。若し夫れ腰間三尺の秋水は、日本男児の精気の漲る所、一度これを抜き放てば、猛獣毒蛇形を潜め、魑魅魍魎影を没せんこと必せり（中略）且つ歩み、且つ憩ひ、椰子の甘漿に渇を醫し、蕉實の美味に舌を鼓し、路々高聲に軍歌を唱へ、詩を吟じ、行きづりの支那人や土人を驚かし（下略）（入江寅次『明治南進史稿』）

明治期以降日清、日露戦争を経て「一等国」として欧州列強の仲間入りを目指していた帝国日本男児の面目躍如といった趣である。「猛獣毒蛇」や「魑魅魍魎」の闊歩する「南冥」の地におけるこれもまた近代日本人のたくましい姿であるといえよう。だがいうまでもないが、副島の「探検」したジョホールやマラッカ各地には、すでにそのはるか以前から多くの「からゆきさん」たちが生きていたことを敢えて記す必要があるであろう。また、明治期の素朴闊達な「南洋土人」イメージは、きわめて限られた情報をもとに作り上げられた漠然としたものであった。田口卯吉は「士族授産」をめざした「南島商会」による小笠原・ミクロネシア方面への南進を試み、こうした南洋への探検・冒険談を通して明治期日本における小笠原からオーストラリアをも含む漠然とした「南洋」認識が作り上げられている。また、明治期後半から大正にかけて南洋各地を縦横に探検し、大正期の南進をリードした副島八十六の豪放磊落な南洋冒険談は、当時の素朴闊達でいささか漠然とした南洋・土人イメージを作り上げるのに大きな役割を果したといえるであろう。

ジャワ島のヒンドゥー・仏教遺跡、
プランバナン寺院群

日露戦争後、第一次世界大戦にかけて、日本の国際的地位の上昇に伴い、一等国民、「帝国男児」の気勢はますます高まる一方で、「賤業」に従事する「からゆきさん」の存在はやがて邪魔なものとなっていく。当初は日本の外貨獲得の尖兵として「娘子軍《じょうしぐん》」としてもてはやした日本の世論も、清国を打倒し大国ロシアを降した自信から「からゆきさん」を「国の恥」として排斥、日陰の存在として社会の表面からは一掃されていく。だが実際は貧しい農村出身の日本女性の多くが身売りを余儀なくされ、東南アジア各地で生きていかざるを得ない状況が太平洋戦争にいたるまで続くのである。さらには、植民地獲得後の日本が朝鮮、台湾出身女性を、さらに太平洋戦争下には占領下の女性をもこうした日本のアジア関与の仕組みのなかに巻き込んでいった事実は明らかである。「狭義」、「広義」といった国家関与をめぐる今日の議論にかかわらず、また「強制」の有無にかかわらず、アジアにおける日本のいわゆる「慰安婦」をめぐる問題は、有馬頼寧の原作をもとにした『兵隊やくざ』など多くの文学、映画などで戦後すでに一般の間での「常識」となっていたことを忘れてはならないであろう。(5)

「南洋雄飛」から「国策」への時代転換

日露戦争後に始まる投機的な南洋投資ブームは、多くの南洋の「農園王」を生み出した。戦後の恐慌は、投機的企業の淘汰をもたらしたものの、財閥系に伍して現地化に成功した多くの中小企業が、事業規模、業種による棲み分けを行なったといわれている。日本人ゴム園としては、一九〇五（明治三十八）年、英領マラヤのスレンバンに笠田直次郎がコーヒーに続き二〇〇エーカーのゴム園開拓に着手したのが嚆矢となっている。続く一九一〇（明治四十三）年折しもゴム価格の世界的高騰を受けて、ジョホールに南洋板楮護謨《ゴム》園、一九一六（大正五）年にタンジョン護謨園などが開業、昭和のはじめまでには昭和護謨、南洋護謨、千田護謨園、また東洋拓殖など戦前期の著名な日系ゴム園がマレー半島各地にその事業を拡大するにいたった。(6)一方ボルネオでは、一九〇三（明治三十六）年、タワオ対岸のセバチック島に増田幸一郎が伐木事業を試みたのを先駆とし、一九一四（大正三）年の安谷椰子園、一九一五（大正四）年の久原農園、一九一六年の窪田椰子園などがそれに続いた。久原農園はのちの久原鉱業、日産農林の前身であり、一九一五年のゴム園四二七エーカーの買収にはじまり、久原鉱業としてさらに原始林一万数千エーカーを租借、ゴム園開墾に着手した。一九一六年には窪田阡米がタワオに土地を租借、のちのタワオ産業の前身である Kubota Estate を英国会社法に基づき設立、椰子栽培を開始した。さらに窪田は一九二〇、二一年にはウェストン、サンダカンの椰子園を買収、一九二八（昭和三）年にはバロン河流域でマニラ麻の栽培へと事業を拡大した。一九二〇（大正九）年の恐慌以後、多くの日系農園は窪田農園（のちのタワオ産業）、久原農園（のちの日産農林）へと淘汰統合される。窪田の没後、一九三四（昭和九）年には同社は三菱合資の出資により Tawau Estate Ltd. として改組、太平洋戦争にいたるまでタワオを代表する日系プランテーションとして営々とその事業を拡大していったのである。(7)

このような創業者の個人的営為、資質によって発展した初期プランテーション事業は、明治大正期の幾多の「農園王」、「南洋王」を生み出したこともたしかである。しかしながらこの時期の日本青年が「南洋ブーム」の熱気のなかで「東洋のセシル・ローズ」を目指し、南方雄飛を夢見たのとは裏腹に、その影もまた濃いものとなっていた。とりわけフィリピンのベンゲット街道建設工事に従事した日本人移民の実態はあまりにも過酷なものであった。米西戦争によりフィリピンを領有した米国は、ルソン島の資源開発と避暑地建設のため、マニラとバギオを結ぶベンゲット道路を早急に建設する必要に迫られていた。だが当時はすでに中国や日本からの移民流入を制限しており、フィリピン人労働者と共に、緊急の必要から移民会社を通じた期限付き契約労働者として日本人の移民が「黙認」されたのである。一九〇三年から一九〇四（明治三十七）年にかけて、日本の福岡、広島、熊本、和歌山、山口出身の手に職のない農村出身者が、三年間の期限付き

ジャワ島の農村の風景

契約でフィリピンに渡航している。ベンゲット道路建設に従事した日本人は千人とも二千人ともいわれるが、あまりに過酷な労働環境のなかで数百人あるいはそれ以上の人々が死亡したと推定されている。ベンゲット道路はその後一九〇五年完成するが、フィリピンでも日本でも、その過酷な実態は人々の脳裏から忘れ去られていくことになる。そののち、一九三〇年代になると南進熱の高まりとともに、「怠惰な南洋土人」との対比で「日本人の優秀性」が喧伝され、「優秀な日本人なくしてベンゲット道路は完成しなかった」という虚像がつくりだされることになる。だが実際には工事の成功は米国の物量作戦によるものであり、「日本人がいなければ工事が終わらなかったと考えたり、日本人労働者に大きな感謝を捧げた当事者の記録は見当たらない」のが事実であった。また、ベンゲット移民のなかにはフィリピン現地の女性と結婚した者もいたが、そうしたことを「堕落」として軽蔑するなど、南方の人々を「愚民」として蔑む風潮も強かったのが実情であった。いずれにせよ、国策としての南進が喧伝されるなかで、一九三〇年代以降、太平洋戦争にいたるまでベンゲット移民の物語は「神話化」されていくことになる。[8] プランテーション事業自体も「個人」から巨大な資本、人材、技術力を備えた「組織」の時代へと移りつつあったのである。

第一次大戦を契機に古典的な「帝国主義的膨張」の時代はすでに終わりつつあった。旧来の列強による植民地争奪戦は、戦後ベルサイユ・ワシントン体制の成立によって現行植民地秩序を強化維持しつつも、勃興する民族自決の気運を前に、将来の「脱植民地」を模索する時代へと変わったのである。日本海軍を中心とした「南進」論の高揚は、個人の南方雄飛の夢の時代から、財閥系による「国策」推進の時代への転換を如実に反映している。それは重油を燃料とした海軍船舶のディーゼル化に伴う軍事的要請に由来し、世界的なエネルギー需要の転換を敏感に反映したものであった。第一次大戦下の一九一七（大正六）年には、蘭領ボルネオのタラカン産出原油輸入が海軍により開始される。[9]また同年、久原鉱業が油業部を設け、英領北ボルネオにおける石油ならびにその他の鉱物資源の調査に着手したことは、「個人」から「財閥」による「国策」追求の時代の転換を象徴的に示していよう。[10]その後太平洋戦争にいたる時期におけるジョホールの日産農林、東洋拓殖、北ボルネオのタワオ産業、蘭領ボルネオでゴム栽培にあたった野村東印度殖産などが主要な企業としてあげられる。このいずれもが財閥系、もしくは財閥系の出資を受けた企業であった。

こうした商社・財閥系企業の駐在員を中心に、領事館を頂点とした「グダン族」（グダンはマレー語で倉庫の意、商社などの多くが大きな倉庫を所有していたことによる）と呼ばれる邦人社会の「特権階層」が形成されていた。からゆきさんはこの「グダン族」の下の「下町族」のさらに底辺に位置した「厄介者」となっていくのである。[11]「一等国民」と称して真っ白な麻のスーツにパナマ帽という帝国日本のエリート達の対極にあり、貧しさゆえに南方へと「流れて行った」庶民やからゆきさんたちの姿は、大正期の都市の繁栄の陰で貧困にあえぐ地方農村にみられる日本国内の格差の拡大と合わせ鏡の関係にあったことはいうまでもない。[12]大正期に流行した「流浪の歌」は、日清・日露戦争、シベリア出兵以降の日本の「北進」と「南洋群島」獲得に象徴される「南進」により拡がった当時日本の民衆の現実の行動範囲と、国内外を問わず市井の庶民の心情に密着したイメージを持っていたと指摘されている。[13]

流れ流れて　落ち行く先は
北はシベリヤ　南はジャバよ
いずこの土地を　墓所と定め
いずこの土地の　土と終らん

思えばあわれ　二八の春に
親のみ胸を　離れ来てより
過ぎ来し方を枕にうかべ
とおき故郷の　み空ぞ恋し

（「流浪の歌」宮島郁芳・後藤紫雲共作、大正十一年）

注

（1）「明治元年、佐賀藩と英国ガラバル商会（ゴロウルともいひ、實はGloverである）との共同で、高島炭鉱の経営が始まり、その石炭が多く上海に向けられた」ことも良く知られているとおりである（入江寅次『明治南進史稿』井田書店、一九四三年）。

（2）こののち、一九四〇年代に入ると、ジャワ攻略を企図した日本軍によってこの「ジョヨボヨの予言」伝承が利用され、「解放者」日本軍のプロパガンダに組み入れられていくことになる。

（3）J.F.Warren, *Ah Ku and Karayuki-san: Prostitution in Singapore 1870-1940*, Singapore: Singapore Univ.Pr., 2003, p.67, pp.378-9.

（4）シンガポール日本人会『シンガポール日本人墓地』改訂版、一九九三年、シンガポール日本人会。多大な労力と時間をかけて刊行された本書は、広大な日本人墓地内の墓碑や来歴を確認する際の大きな手掛かりとして訪問参拝者の必須のものとなっている。調査・執筆編集にあたられたシンガポール日本人会に改めて謝意を表したい。

い。

(5) 有馬頼寧『兵隊やくざ――貴三郎一代』(原題『貴三郎一代』) 光人社、一九九七年

(6) 小田脩『南洋農業読本』中興館、一九四一年。拓務省拓南局『南洋邦人農企業現況一覧』一九四一年、国立公文書館(アジア歴史資料センター レファレンスコード〔以下、アジ歴〕 06033505700)。柴田によれば、笠田より三カ月早く大隈某がゴム植え付けを試みているとの説を紹介、諸説あることを指摘している。(柴田善雅『南洋日系栽培会社の時代』日本経済評論社、二〇〇五年)

(7) 灘集団『北ボルネオ軍政概要』昭和十八年度(早稲田大学所蔵西嶋コレクション、復刻版 龍渓書舎、一九九七年)。『タワオ産業に関するご報告の件』昭和十六年八月三十日付岩田喜男宛書簡、"Petition by Sankuro Ogasawara, president of Nampo Norin Kyokai or the South-Seas Agricultural and Forestry Association", n.p., n.d. (アジア会館、アジア太平洋資料室所蔵岩田喜雄関係文書)。この部分は拙稿「スマトラ・ボルネオ石油と日本軍政」(明石陽至編『日本占領下の英領マラヤ・シンガポール』岩波書店、二〇〇一年)に一部依拠している

(8) 早瀬晋三『ベンゲット移民の虚像と実像』同文館、一九八九年

(9) 後藤乾一『昭和期日本とインドネシア』勁草書房、一九八六年

(10) 灘集団前掲書

(11) 矢野暢『南進の系譜』中央公論社、一九七五年。後藤乾一『火の海の墓標――あるアジア主義者の流転と帰結』時事通信社、一九七七年(オンデマンド版、二〇〇七年)

(12) 後藤乾一前掲書、『原口竹次郎の生涯』早稲田大学出版部、一九八七年

(13) 見田宗介『近代日本の心情の歴史』講談社、一九七八年

南洋を切り開いた豪傑・副島八十六

南洋群島獲得と大正期「南洋ブーム」

本章では佐賀出身の南洋専門家・副島八十六を紹介する。明治期の自由闊達な「立志伝中の人」、副島八十六といっても、今日佐賀においてその名を知る人はほとんどいなかった。しかし近年、久保田文次、土屋直子、山﨑功らにより副島八十六研究が進められ、このたび国立国会図書館に寄贈された「副島八十六関係文書」の整理公開（二〇一五年六月）が成ったことで、今後その生涯のさらなる解明と再評価に大きな期待が寄せられている。かつて矢野暢は、「自ら南洋に赴き探検その他に従事して、いわば南方関与の先駆者ないし殉教者というイメージをまとい、後の時代に日本が国策として「南進」政策をとり始めたとき、政治的シンボルとして祭り上げられる人びと」のひとりとして副島八十六の名を挙げている。（矢野暢『南進の系譜　日本の南洋史観』千倉書房、二〇〇九年）副島は上京克己苦学、大隈重信の支援を得て南洋探検家としての地位を固め、大隈を支える憲政会院外団として活動、大隈の掲げる日英協調と日本の平和的経済南進を日印協会理事としてあくまで忠実に具現化しようとした人物であった。

明治以降、ヨーロッパ列強と伍して帝国主義を選択した日本は、アジア諸地域進出をすすめて「一等国」

の仲間入りを目指した。さらに日本は第一次世界大戦を契機に旧ドイツ領南洋群島を南洋委任統治領として獲得、一九二〇年代の日本に南洋ブームを引き起こすことになる。

明治期の「国権論」、国粋主義の盛り上がりのなかで起こる漠然とした「南洋」イメージの高揚とは異なり、この「ブーム」は、「帝国主義国」の仲間入りを果たすなかでのものであり、鎖国以前に活躍した先達、山田長政が小説や教科書に「復活」するのもまたこの頃であった。だがこうした「ブーム」を受けた「海外雄飛」の実態は、国内で過剰となった農民人口をいわば「棄民」として東南アジアや南北アメリカに「輸出」することに他ならなかった。移民のなかの成功者たちが築き上げた個人農園の多くは、やはり後続する財閥系企業に吸収されることになる。

現在も残る南洋ブームの断片。長径1.35m，短径１m。
ヤップ島支庁長寄贈（東京・日比谷公園内）

第一次大戦勃発を受けて対独宣戦、ドイツ領南洋群島に海軍を派遣して軍事占領した日本軍は臨時南洋防備隊条例を施行、各島に守備隊を配置して軍政下に置いた。一九一五（大正四）年には南洋群島占領諸島施政方針が定められ、実質的な日本の植民地支配が軍事占領を通じて着々とすすめられることになる。だが、第一次大戦を契機としたドイツ領南洋群島の「委任統治」経営を通じてミクロネシア・マーシャルの人々と直接向き合うなかでも「未開野蛮な土人」イメージを変えるにはいたらなかったのである。「一等国民」、「名誉白人」の矜持と傲慢を一身にまとった多くの日本人の眼に、南洋の人々の真の姿が映ることはきわめてまれなことであった。こうしたなか、佐賀の地から立身・克己努力の末、明治から大正にかけて自らインド・南洋方面に進出踏破し、間もなく大正期の南方経営論の代表的論者に躍り出た豪快な日本人がいた。いわば大正期南洋ブームの先駆者ともいえる人物の南洋進出の実態を以下でみてみたい。

「立志伝中の人」副島八十六

一八七五（明治八）年、佐賀に生まれた副島八十六の前半生を、一九一五年東京市府より大隈の肝いりで衆議院出馬の際、当時の新聞は次のように紹介している。

副島君の前生涯は、宛然立志伝中のものである、渠は佐賀の生れ、士分の家には育つたが、貧にして学に志す由もない、されど幼より青雲の志、押さへ難く、歳十五、足にまかせて三百里、破帽短衣の姿を、銀座の真中に運んで来たのは明治二十三年の四月……牛乳配達もやつた、新聞売子にもなつた、芝警察の給仕を暫くやつて夜学に通ふ事になつたのは、上京後余程たつた後の事であつた、大隈伯を廿二回訪問して、意を通じた結果、その添書を以て郵船の副社長加藤正義君に会ひ、南洋行きの志願のかなつたのは同君の今日を形作つた其第一段だ。南洋往来前後三回、唯一の南洋通を以て任じ、やがて之が渠の飯の材料となつた。艱難十年、渠は学よりは才、才よりは膽、男子一片の意気を以て唯一の心情とした、副島八十六の名は、未だ天下に現はれぬが、一部の間には漸次認められつゝある。

（「読売新聞」一九一五年二月一日）

明治の豪傑・南洋探検家

明治も三十年代に入ると、朝鮮・中国情勢の緊迫化の一方で海外殖民先としての「南洋」に対する関心が喚起される。このような空気のなか、大隈を「廿二回」訪問してその知遇を得、南洋への足がかりを得た副島八十六は南洋探検家としてタイ・マレー移民のための現地調査を大隈に提案する。そしてついに大隈の尽力により一八九九（明治三十二）年二月、帝国大学東京地学協会嘱託としてタイに向け出発することになる。この視察計画はタイ・マレーのほかビルマを経てインドへと及ぶ三年近くにわたる遠大なものであった。[1]出発から六カ月ののち、シンガポールに戻った副島は近況を次のように日本に寄せている。「（シンガポールは・引用者）宛も故郷に帰来せし思有之人間到処有青山実に愉快……」。今後はマレー半島の「農業及び地理的視察旅行」を行い、さらにビルマ経由或いはマンダレーに立ち寄り三年近くにわたりインドを巡遊する予定としている。「一歩々々日本を遠かり此文明日進の時代に於て段々未開国へ背進」するにあたり、「ずいぶん心ぼそく」なってきたことも述懐、「八月十日シンガポール赤道直下椰子の青葉貿易風に翻る辺にて副島八十六」とその便りをいささか気取って締めくくっている（「朝日新聞」一八九九年八月二十八日）。

さらに副島はマレー、タイ、インドのみならず蘭領インド（インドネシア）にもその足を伸ばしている。副島はインド巡遊ののち一九〇一（明治三十四）年には東京帝国大学より南洋の人類学調査嘱託、また農商務省の蘭領東インド商況調査嘱託を受け、蘭領インドに渡航する。[2]蘭領東インドのジャワ・スラバヤは西部ジャワにおける商業の中心都市であり、同地に滞在する副島は、当時現地在留邦人の「顔役」のひとりとなっていたようである。スラバヤの副島を訪問した押川春浪らはその「豪傑」ぶりを次のように回顧している。そこには裸一貫佐賀から上京、克己苦学の末いささか強引に大隈の知遇を得て立身し、ついには「長さ五寸幅二寸五分もある堂々たるもので其面には法性寺の関白も三舎を避くるばかりの長い肩書が麗々と並べてある」名刺を持ち歩く副島の姿があった。そこにはおそらく「帝国大学嘱託」をはじめ数多の肩書が並んでいたであろう。「巨星」大隈の後ろ盾を得た「無邪気」な、「屈託のない」明治の豪傑の一面がはっきりと表れている。

「僕は大隈伯から依頼されて、熱帯の壮観たる蘭の採集に出かける意だ。」と号して立派なクロース金文字入りの洋書を持ち出し、「見玉へ、是が蘭の種類だ。是等は総て爪哇《ジャワ》の深山幽谷でなければ発見されないので、僕は不日其探検に上るのである。」また副島は「僕は時々軍事探偵と誤まられ困つたことがあつた。」と告白、鞄のなかからもったいぶって一葉の地図を取り出し、声をひそめて物々しく語っている。「是はね大きい声では言はれないが、聊か軍事的の意味があるのだ、非常に重要な品だから、他人が来たら必ず隠して呉玉へ」。いかにも芝居がかった副島の振る舞いを、押川らは感慨を込めて語っている。「此時さう思つた、副島君は豪傑なるかなと。」(中村直吉・押川春浪編『五大洲探検記第二巻　南洋印度奇観』)。

東邦協会の刷新と日印協会大隈会頭就任

南洋・インド方面の長期探検・調査を成功させて、南洋探検家としての名声を確立した副島八十六は、一九〇四(明治三十七)年十一月会頭副島種臣により東邦協会幹事に推薦されることになる。(3) 民間の明治期アジア主義が、日清・日露戦争を節目とする日本の「帝国主義」が制度化されていくなかで、中国・朝鮮「侵略」の陥穽に捉われ、衰退変質していく過程で、東邦協会もまた数多のアジア関係団体乱立盛衰の荒波に飲み込まれていくことになる。こうしたなか、衰えつつある協会存続に強い危機感を持った副島種臣ら協会幹部が「新しい血」を入れるべく白羽の矢を立てたのが、大隈が目をかけ育てた「南洋探検家」副島八十六であったと考えられる。

新幹事推薦を受けた副島八十六は東邦協会において自らの「南方経営論」を披瀝、現場体験に根差した革新的な提案を早くもおこなっている。まず第一に領事館の増設、第二に銀行支店の各地への開設、第三に政府助成による採算を超えた南洋航路の拡張、第四にタイ、マレー、フィリピン、インド各地の現地語に重点を置いた外国語学校の整備、第五に植民学校の開設、第六に人文社会・自然科学の専門家を動員した総合的「東南洋探検隊」の派遣である。大陸経営も緒につかんとしている当時の段階において、これだけの具体的提案をおこなった副島の卓見は高く評価されよう。(4) さらに翌年四月、ジャワの有力華僑邱鸞馨《きゅうらんけい》来日にあたり国内の教育・商工業施設視察の案内をするとともに、東邦協会茶話会でのジャワの教育と商業についての邱の講演のマレー語通訳にあたっている。(5) 東邦協会のみならず日露戦争当時の思潮は専ら「北」、すなわち中国東北地方や朝鮮、樺太方面に対する関心を主たるものとしていたが、副島八十六の活動により、人々の南方に対する関心をつなぎとめる役割を果たしていたことは確かであろう。実際、日タイ国交樹立に大きな役割を果たした稲垣満次郎の東邦協会での日タイ交流紹介、オーストラリア・東南アジア歴遊などの積極活動をピークとして東邦協会の南方関心も急速に冷めていく。協会の掲げる対外硬的「北進」も日清戦争という究極のかたちでの政策実現・制度化によりその民間団体としての意味・役割を見失いつつあったといえるのである。(6) 一方で台湾領有、遼東還付を経て激化する満州・朝鮮半島の政治的緊張を目の当たりにして、日本の世情はもっぱら北に向いていたといえよう。こうしたなか、いち早く「南」に目を向け、新たな民間団体を結成する動きも一部ではみられはじめた。日清戦争以降日本の紡績業勃興につれて原料綿花を英領インドより輸入して綿布を製造、インド向けに輸出する日印の経済関係がはじまるのである。日英同盟下の両国関係を踏まえて一九〇五（明治三十八）年、日印通商条約が調印され、英領インドは以後米国、中国、蘭領インドと並ぶ日本の主要貿易相手国のひとつとなる。とりわけ英領インドは他と異なり原料綿依存先として第一次大戦まで日本の輸入超過が続く例外的な貿易相手であり続ける。

日印協会と大隈重信

一九〇二（明治三十五）年九月、インド遊歴経験者やインドに対して「特別の趣味関係を有する」男爵神田乃武、南條文雄、田口卯吉らの首唱により在留インド人と共に日印倶楽部が組織された。翌年十二月事業拡張により日印協会発足、会長長岡護美子爵、副会長神田乃武、顧問としてクロード・マクドナルド英国大使を迎えている。「同協会は毫も政治上の意味を含まず印度の文学風俗に就て研究及び商業上の連絡に付て両国人共同の活動をなさんとの趣意」にあることを明確に宣言していたのである[7]。その後日露戦争により事業中断を見るが、一九〇六（明治三十九）年平和回復を受けて活動が再開、長岡会頭死去を受けて大隈重信を会頭に迎える。翌年四月在日インド留学生らにより十七世紀マラータ王国を建国したインドの民族的英雄シワージを顕彰し開催されたシワージフェスティパルにおいて大隈は次のような英国観、インド観を表明している。

……茲に注意せねばならぬことは一国の滅亡は他の侵略に依て起るものではないと云ふことである、……樹先づ朽ちて蟲之に着く、……印度を亡すものは仏に非ず、英にあらず、実に印度人自らである、……

イギリスの植民地下に呻吟するインド民族に対してインド人自らの「自己責任」を突きつけるこの突き放した態度をどう考えるべきであろうか。さらに大隈は次のように続けている。

幸にして今の印度皇帝即ち英国王は世界無比の仁君である、（中略）若し印度国民が自覚して自己の社会的弊害を除いたならばカナダの如く、ケープコロニーの如くオーストラリアの如く自治権を得るは期して待つべきである、……諸君にして若し衰亡の因を以て罪を英国に帰するものあらば心得違ひの最も甚だしき者である、由来革命叛乱は其国民に何等の福利を来たさず、益々社会の弊を増す許りである、故に吾輩は断言する、印度の将来は唯だ印度国民の反省によりて認め得べしと。……

（「朝日新聞」一九〇七年四月二十二日）

英国王を「世界無比の仁君」と称し、インド民族運動に対するあまりに冷ややかな大隈の演説は、実際には参会したインド人らを落胆させ、同席した中国人革命家章炳麟《しょうへいりん》は大隈に対する怒りを爆発させたという。(8)大隈自身は、「未だ一度も他国民を扇動して感情に訴へて欧羅巴文明を呪ひ、欧羅巴文明に対抗しやうなど云ふやうな事を言つたことがない」と述べ、一貫して日英同盟強化論者であった。日露戦争後大隈が会頭に就任した日印協会はあくまで日英同盟を基調とし、「一意専心経済的発展を計る」ための日本の経済的南進を支える経済文化友好団体であったのである。(9)一九一四（大正三）年には、事業範囲が英領インドに加え、蘭領東インド、海峡植民地、タイ、仏領インドシナ、米領フィリピンなどの南洋方面まで拡大される。

一方、一九一二（大正元）年十二月には日蘭両国の親善と南洋貿易振興を目的として大隈を会頭とする日蘭協会が設立された。一九一四年ジャワのスマラン博覧会に同協会は日印協会とともに出品協力している。翌一九一五年には日蘭国交記念品展覧会を開催、多様な活動を展開した。こうして日印協会、日蘭協会は共に会頭を大隈とし、一九一五年以降日印協会の事業範囲が拡大、また日蘭協会会員の半数は日印協会会員ということもあり、一九一六（大正五）年には日蘭協会は日印協会に併合され、新たに大阪支部が開設されるにいたっている。(10)

こうした大隈会頭率いる日印協会の「対英協調」姿勢は、伏流となって流れ続けるアジア主義とぶつからざるを得ない。一九二〇（大正九）年十一月、日印協会は、かねてて英国のインド政策を激しく攻撃してきたアジア主義思想家大川周明に対して退会を迫り、会を揺るがす大きな騒動となる。そして大川に退会を迫ったのが副島八十六その人であった。当時読売新聞はこれを「日本人までが手先になり迫害するとは何事」と激しく非難、「其後新会員名士が殖えると印度人を扶けんとする会の本来の趣旨は何時の間にか忘却され、一方益々親英的な態度が濃厚となつて、印度を目するに印度人の印度でなく英人の印度視する様になつて来た其為め肝心の真に印度を思ふ印度人の如きも凡て退会して、今日では殆ど英国政府の閑居を得たる印度人富豪数十名と邦人の親英的学者及び親英的商人との殆ど経済的親善機関になつて了つた……」というのである。さらに大川周明は副島に退会を迫られた経緯を新聞に暴露、副島はつぎのように大川に退会を求めたと述べている。

何うも君が会員となつてゐては英国側の受けが非常に悪い、此間も会が主催して印度観光団を組織しやうとしたのだが、君が会にゐるといふ理由で駄目になつて了つた其処で会の意向として君に退会して貰う事に決つた

それに対して大川は「僕が居ると何うして英国側の受けが悪いのか、誰が然う云ふ事を言ったのか」と問い返すと、「然う云はれると僕も困るんだ」と告白、なんとも歯切れの悪いものであったようである。数日後再び大川を訪れた副島は改めて大川に退会を迫り、結局大川は自分から退会すると述べたのであった。大川が憤激して述べたように、日本人である副島が自ら「其（イギリスの・引用者）手先きになつて同じ同朋（日本人・引用者）を迫害する」ことになったことを、副島はどのように受け止めたのであろうか。そもそ

も日印協会に入会を勧誘したのが副島であったことからも、副島の心中は忸怩たるものがあったと想像できる。[11] いずれにせよ副島八十六は以降、大隈の主導する「日英協調」による対インド経済進出を具現化する、いわば会頭大隈の「右腕」として、日印協会での本格的活動を開始することになる。

第一次世界大戦の「天佑」と大隈「対英協調外交」

「今回欧州ノ大禍乱ハ日本国運ノ発展ニ対スル大正時代ノ天佑ニシテ、日本国ハ直ニ挙国一致ノ団結ヲ以テ、コノ天佑ヲ享受ゼザルベカラズ」、大隈内閣はここに第一次世界大戦参戦を決定、一九一四年八月二十三日、対独宣戦を行う。[12] 地中海・インド洋方面に海軍を派遣、中国、ミクロネシアなどのドイツ根拠地を攻略占領することになる。だが東邦協会の川久保健（東京日日新聞記者）は対独宣戦の日、厳しく大隈内閣批判をおこなっている。

どうも大隈内閣はとんでもないことをやらかしましたね。これでは日本将来の進路が塞がれてしまつたと言つて差し支へない。大隈や加藤などいふ人物はいけませんよ。大隈軽信、加藤不高明とでも改名させるんですよ　（満川亀太郎『三国干渉以後』）

そののち一九一五年一月、袁世凱の北京政府に対して悪名高い対華二十一ヶ条要求を提出、最後通牒を突きつけ五月には受諾させる。中国側はこの受諾の日を「国恥記念日」とし、中国民族主義の歴史に深く刻み込まれたことはいうまでもない。何故に大隈がこのような不当過酷な要求をしたかについて木村時夫は、次のように指摘している。第一に当時の中国国内情勢が革命勃発による南北分裂の混乱状態にあり、大隈が中国は日本の指導と協力なしには独立できないと考えていたこと、第二に大隈の首相就任が元老井上馨の推挽と山県有朋との妥協によるものであったこと、第三に当時の日本国民大多数が中国における権益拡大を要望、大隈は大衆政治家という名声と自負のためにあえてそれを退けることができなかったこと、これら三点を理由としてあげている。加藤高明外相自身、その回想で「いざ要求を提起すると決まったら、各方面から、これも要求しろ、いや之も解決して貰い度い、と山のやうな注文が舞ひ込む始末で」あったことを告白している。木村時夫は「元来大隈は綿密細心というよりも豪放粗雑ともいうべき性格の人であった」と述べ、「苦境にある一民族の心情を理解することのできなかった人とも思われる。」としている。[13]

一方第一次世界大戦に際して、大隈は次のような「賛辞」をインド国民に贈っている。

印度国民中には、平生英国政府の施設に対し多少不快の念を持つものが一部分にあつた様であるけれども、此度の大戦乱に臨むやそれ等平生の感情を一掃して内に幾多の民族、幾多の宗教を包含し居るに拘らず、挙国一致、愛国の精神を発揮し、政府の為に忠義を尽すに至つたことは、その理義を見るの明あり……

（大隈重信『世界大戦以来　大隈侯論文集』）

大隈は大戦にあたりインド国民挙国一致の愛国の精神を賛美しているが、一九一五年二月にはシンガポールにおいてインド兵の叛乱が勃発したことをもちろん大隈は知っていたはずである。英国の依頼を受けてときの内閣としてその鎮圧に協力している。二月十五日、シンガポール郊外のアレクサンダー兵営がインド兵により襲撃され、武器弾薬を奪取、さらにドイツ人捕虜収容所を襲いエムデン乗組員らを解放、捕虜の一部は国外へ逃亡している。銃撃戦の末、英国人四十余名、インド兵五十余名が死亡するなか、暴動は市中へと拡大、千名を越えるインド兵乱入のなかで邦人は英人らと義勇兵を結成した。その後、英仏露の軍艦とともに日本の軍艦音羽が二月十七日、対馬が十九日に入港、陸戦隊が上陸し暴動鎮圧にあたった。暴動の原因として、イスラム教徒の日常的不満に英国の対トルコ宣戦が火をつけたものと英国側は報告している。暴動鎮圧後も日本海軍はドイツによるインド革命派に対する武器密輸などの支援を阻止するため軍艦明石、対馬、平戸を派遣、シンガポール、ジャワ、ティモール、サンダカン方面海域の哨戒をおこなっている。[14]大隈はあくまで日英同盟の友誼を尽したのである。

こうしてインド洋、太平洋にドイツ軍艦出没の報が飛び交い、シンガポールに叛乱の烽火があがるなか、英領インド・南洋方面と欧州の輸出入が途絶えることとなる。これもまた日本にとっての「天佑」であった。「日印協会の事業範囲たる英領インド及び南洋方面より欧州品に代るべき日本商品取引開始に関し紹介陸続到来すると同時に関西地方における貿易事業者中にも此際同方面の販路拡張に焦慮し種主同会に交渉し来るもの」が日印協会に殺到する。そこで副島八十六は、一九一四年十月、「印度南洋方面の貿易助長に便宜を与ふる」ために京阪神地方へ特派されることになる。[15]

副島の「一等国南洋経営論」

副島は大隈会頭の「右腕」として、国内外を奔走、あくまで「日英協調」に基づく日印経済関係促進に努力する。しかしその一方で、過熱気味の対インド輸出と戦争景気に浮かれ、「慢心有頂天」のきわみにある世論と政財界に警鐘を鳴らしている。

宜なるかな、我が国民は動もすれば軽佻浮薄に流れて底力に乏しく、殊に明治維新以来、百時只当面の急に追はれて徒に皮相的の施設経営に忙殺せられ、内容の充実は殆ど全く之を閑却して、其状宛も仏を作つて魂を入れざるの観あり。而も尚過大なる天佑の下に幸にして今日の地位を獲得すれば、忽ち得々として其の光栄聲誉を誇耀し、實は却つて重大なる危機の其間に伏在せるを覚らず、殆ど慢心有頂天の状を呈せり。是れ吾人が更に絶叫して警告を試みざるを得ざる所なりとす。

（副島八十六『帝国南進策』）

日本は中国、英領インドをはじめ広大なアジア市場を席巻することができた。だが疲弊したヨーロッパ諸国は講和後「貿易戦に依て国力の恢復に努むべく、而も其の主要なる商戦地帯は、必ず東欧より亜細亜方面に及び、此に向って大発展を試むべく、印度及び南洋は即ち其の戦場の中心となるであろう……」。副島は戦後アジアの貿易競争地帯を「平和の戦場」と呼び、「欧洲戦争の結果莫大の財富を蓄積せる……大富国」米国を最大の競争者とみなした。やがて米国は、特に東洋、南洋に対して猛烈な外交・経済的進出を企図するであろうから、覚悟を以てこれに対抗しなければ「日本は遂に海外発展の機会を得ることが出来ぬであろう」と予言している。そのために重要なこととして、副島は第一に自国の力を知る事、第二に対手国の貿易地の状況を知る事が必要であると指摘している。つまり進出対象国の地理、産業、制度、風俗、人情殊に製造工業、商業、金融状態、対象国の各国との貿易状況などを精細に調査分析し、さらに「我国の事情を誤りなく対手国に理解せしむる」ことで相互認識を深めることの重要性を強調している。(16)

一九二六（大正十五）年三月、副島は関東大震災の余燼収まらぬ東京を離れ英領北ボルネオに渡航視察、一八九七（明治三十）年以来度々長期滞在を繰り返してきた経験を振り返り、当時の現地邦人の地位向上に驚いている。

……二十余年前会遊の際は一部の除外例はあるが邦人に対する彼等白人の態度はよしや侮辱的でないまでも概して冷淡であり傲慢であったが今日では一般に極めて丁寧且つ親切で毫も応対上の礼儀を失するような事がない現に一風来漢而も何の肩書も帯びぬ私に向ってすら全く痒い処に手が届く程の厚意を表してくれる事もあった……

かつて日本男児の過剰なまでの気負いを以て南洋に渡航、「若し夫れ腰間三尺の秋水は、日本男児の精気の漲る所、一度これを抜き放てば、猛獣毒蛇形を潜め、魑魅魍魎影を没せんこと必せり……路々高聲に軍歌を唱へ、詩を吟じ、行きづりの支那人や土人を驚かし[17]」ていた副島は、今や「操守を厳にし常に紳士的態度を保ち自己の一身即ち帝国の代表者たるだけの腹構えを忘れてはならぬ、……斯くして一人の成敗は邦人全体の運命に大関係を有し国力の消長に非常なる影響を及ぼすのである深く鑑みなくてはならぬ……」

豪放磊落、高歌放吟して日本刀を振り回し行きずりの現地住民を驚かしていた人物が、今や一等国民の代表紳士の矜持を説いているのである。

かつての豪傑・南洋探検家としての副島は今や日印協会理事、「印度南洋」経済進出のエキスパートとしての地位を確立、北ボルネオ開拓事業進出の心得を説いている。まず進出の業種、資本規模に関わらず、第一に現地の人情、風俗習慣や制度など全般にわたる現地事情の事前調査の必要性、第二に忍耐強い事業の継続性を指摘、濡手に粟を夢見るようなことを強く戒めている。これらは今日の日本企業海外進出にも共通するものとして副島の先見性を見出すことができるであろう[18]。

副島の「予言」通り、第一次大戦中の戦時景気も欧州諸国の復興とともに急速に衰え、南洋インドを主要な市場としていた繊維関係企業、貿易業者は深刻な打撃を受けることになった。これを受け、我が国の「南洋インド方面ニ対スル貿易促進策攻究」のため、関係在外公館長、関係各官庁、貿易・産業界代表らを外務大臣主催により一同に会することになった。大阪において南洋インド関係「本邦人企業及投資ノ助成本邦品販路ノ拡張食料及原料輸入等ノ問題並之ニ関連スル金融為替運輸通信関税及通商条約問題等ヲ討議スル[19]」ため、南洋貿易会議が開催される。

一九二六（大正十五）年九月、南洋貿易会議第三日の第一調査及び情報部部会において副島は調査機関統一と官制改革の必要を述べ官民合同の統一的中枢機関の設置の必要、南洋各地領事の頻繁な更迭は能率が悪いことなどを指摘している[20]。第四日目には印度支那協会松木、南洋協会藤山らとともに日本と仏領インドシナ間の関税協定の早期成立を求めている[21]。だが副島が提起した通商・海外情報を統括し、関係各省を横断した審議・交渉を行なう画期的な一元的常設機関は結局実現をみることがなかった[22]。

普選運動と「大日本主義」――「豪傑」副島のもうひとつの顔

第一次世界大戦を契機に、副島は日印協会理事として大隈の掲げる「日英協調」による経済「南進」の旗振り役を、列強と肩を並べた「一等国の紳士」としてすすめていったことはすでに述べた。そしてその「協調」ぶりが、ときには大川らアジアの民族主義に共鳴する人々との摩擦を副島一身が引き受けることになったのも確かであった。

松浦正孝は、第一次大戦前後に大きく変化した「新外交」の時代に顕在化した日本の対アジア関与をめぐる対立図式を、三つに分類している。一つめは「帝国の時代」の終わりを見据えて満州・中国既得権の放棄、朝鮮台湾への独立許与という理想主義的アジア提携をめざした小日本主義、二つめは、民間経済交流に基盤を置いた欧米列強との協調による戦争抑止と現状維持をめざす「中帝国主義」、さらに三つめとしては帝国主義「一等国」日本の獲得した満蒙権益の堅持拡張と中国分割も辞さない「大日本主義」の有する「侵略」

的性格と「同文同種」に基づくアジア連帯の心情がないまぜになった「大亜細亜主義」である。[23]この分類によれば大隈が掲げ、理事の副島が推進した日印協会の姿勢は松浦のいう「中帝国主義」に他ならない。だが現実の副島はもうひとつの顔を持っていた。それは豪放闊達な明治の豪傑・南洋探検家としての副島の姿である。「青雲の志、押さへ難く、歳十五、足にまかせて三百里、破帽短衣の姿を、銀座の真中に」運び、明治大正期の対外硬・国権主義や民権運動の奔流に血沸き肉踊らせ、「大日本主義」に引き寄せられた数多くの若き豪傑の姿とも重ね合わせることができる。さらに留意すべきは、日中関係の緊張に伴い昂揚する対外硬の思潮が政府の弱腰批判と結びつき、さらには立憲同志会などを中心とする普選運動とも連動していたことであろう。普選実施という民主主義を求める民衆の反政府の声は、尼港事件における邦人虐殺、あるいは孫文第二革命失敗後の反日運動の激化を受けた対外硬の空気のなかで、容易に侵略主義的性格を身にまとうことになる。

一九一三（大正二）年七月、孫文らによる第二革命が起こるが、敗れて孫文は台湾に逃れる。一部の右翼指導者は中国革命を支援する立場をとりながら、中国に対する日本の指導的地位を強調し、或は中国領土の一部分割を主張するなど対中強硬姿勢が目立つようになる。中国では対日感情の悪化を受けて邦人商店の略奪・邦人の拘束殺害などが起こり、国際協調による経済的・平和的手段による日本の権益保全拡大を主張していた外務省の阿部政務局長が九月五日刺殺される事件が起きるにいたった。当時日本政府は、中国における日本の外交的孤立を避け日本の国際的地位を確保すべく袁世凱政権の列国共同承認に努力するなどしたが、「流動する中国状勢に対し、満蒙における日本の地位の確保と増進のために実力を行使しようとする（満州事変直前の情勢すら想起させるような）機運が」が著しくたかまっていたのである。[24]こうした空気のなか政府の弱腰を非難するべく十月八日、立憲同志会有志による政談演説会が開催される。この演説会には立憲同志会院外団の一員であり、対支同盟会評議員でもあった副島も登壇演説している。

小日本カ大日本カ我帝国ハ小日本カ大日本カト問ハバ何人モ大日本ナリト答ヘシ然リ我国ハ日露戦争等ノ結果領土モ大トナリ人民モ多ク如何ニモ大日本ト相違ナシ然レトモ近来ノ有様カラ見ルト何事モ小規模トナリシヤノ感アリ対米問題ハ失敗セシカ我輩ハ帰化権ヲ以テ依然土地ヲ所有シ得ルコトヲ希望ス或ハ云ハン其ハ非国的ニシテ不可ナリト　我輩ハ幾百与年鍛へ鍛へ来リシ日本人カ米国へ帰化シタリトテ母国タル日本ヲ忘ルコトナシト思へバ決シテ心配スルコトナシ何レニシテモ今ヤ当面ノ対支問題横ハリ参レバ米国トノ関係ハ之ヲ忍ビ支那ニ対シテハ微弱ナル思想ノ充満シ参ルヲ一掃シ強硬ノ思想ヲ以テ之レニ当ラサルベカラス(25)

この演説内容をみてもわかるように、副島の「大日本主義」論が他の論客と比べても特に異彩を放つものでもなく、彼が南洋を語るときほどの「情熱」を感じさせるものですらなかったことがわかるであろう。実際、この演説会自体も「聴衆僅ニ二百余名種類ハ大半学生ニシテ些ノ感動ナク五時無事閉会セリ」という次第で、ついには時間が無くなり最後の弁士小島幣吉は演説できず、「累々タル外交ノ失政ニ対シ山本内閣ノ不信任ヲ決議ス」との決議を述べて降壇、閉会となっている。

さらに一九一五年二月、副島は東京市府・牛込区（政友会の鳩山一郎の地盤）から三木武吉と共に大隈党（立憲同志会）より衆議院に出馬している。大隈の肝いりがあったとはいえ、地盤も看板もカバンもなく、「吾輩は全く理想選挙の純なるものなれば単に親戚縁者知己友人の援助に俟つのみ」の選挙戦であった。だが副島の人柄に魅かれた支持者が二三〇名現れ、一六〇〇～一七〇〇票は確実と見られたがしょせんは素人選挙、あえなく落選する。(26)

だが以後もその豪傑としての熱い血はたぎり続ける。一九一八（大正七）年二月、憲政会院外団幹事評議員連合会が開催され、実行委員として副島八十六らが選出されている。[27] 豪傑副島の晴れ姿は、一九一九（大正八）年三月日比谷公園での「普通選挙運動大会」であった。「普通選挙運動大会」の大旗を先頭に、「騎馬の西本指揮長青池晃太郎氏並に副島八十六氏が雄姿颯爽と蹄の音を」響かせて日比谷を行進したのである。得意満面の副島の姿が目に浮かぶようである。以後も副島は憲政会院外団の一員として普選同志協議会などでの活動を精力的に継続している。[28]

一九二〇（大正九）年初春に起きた尼港事件は、五月から六月にかけて邦人虐殺の惨状に関する報道が過熱するとともに国内世論を喚起していく。[29] 朝日新聞は「我が受けたる損害に相当する程度の賠償を求むる為め尼港樺太方面に於て露國の公私有財産を没収することに由り一先ず事件を落着せしめ遺族を慰め爾後露国政府の確立を俟ち更に正式談判を開くことを至当なりと称せらる」と激しい論調を掲げている。[30] 国民の対外硬的憤激は憲政会による普選運動と結びつき、東京では「尼港事件における政府の怠慢の責を問ひ目下の急たる普通選挙制を断行せしむべき世論を要求」し、全国普選連合による参加者一万を超える演説会が開催されている。[31] さらに副島は、北進論の牙城ともいえる対露同盟会の総会において一九二〇年六月二十五日、押川方義、佃信夫、伊東知也らとともにシベリア事情に関する時局演説を行なっている。[32]

さらには、一九二九（昭和四）年二月、副島は「共産主義排撃と時弊匡救のため決起した各大学の右傾教授や愛国思想家連二十余名」による『経国同志会』創立の動きにも理事として身を投じている。[33] また翌年八月の白瀬南極探検隊記念会に頭山満、田中捨身らとともに副島も出席するなど、「豪傑」としての副島の姿は、日印協会理事としてよりもむしろ生き生きとしているようにみえるのではないであろうか。[34] 好奇心旺盛な副島は、超能力実験にも関心があったようである。一九一八年二月、憲政会衆議院議員江間俊一とともに副島は東京大手町で超能力者を招き、念写実験を主催。かなり「怪しい」実験結果となった。[35] 副島の関心はこれに留まらず、大隈の『開国五十年史』（一九〇八年）の編集執筆、『義太夫新論』（一九一四年）、『義太夫盛衰論』（一九四二年）をはじめ、演劇や邦楽などに関する評論活動においても多彩な活躍をしている。

またタゴールの戯曲を小山内薫が新劇場で上演するにあたってはタゴールの許諾を得るため奔走している。

日印通商条約破棄をめぐる副島のインド観

恐慌下、一九三一（昭和六）年日本の金輸出再禁止による為替下落が円安を招き、一九三一年以降日本の対インド輸出超過が続くことになる。この状況に対して英国はオタワ会議において英連邦特恵関税を決議、一九三三（昭和八）年四月には日英通商条約破棄通告、六月には日本製品に対して七五パーセントの関税（英国製品には二五パーセント）を課すことになった。日本の繊維関係財界はこれに激しく反発、英国綿不買運動を展開する。

副島はこの財界の強硬な動きを受け、日印協会理事として激しくインド政府を非難する。

　インド政府の日印通商条約破棄は日本に対し戦闘をいどむやうなものである、……寧ろ国交断絶にも類するものである。……又我々がインドの態度に対し血で血を洗ふやうなことは遣りたくないが、インド政府が反省しないなら報復的手段を講ずるなり、何等かの方法により決意を示さねばならぬであらう、現在の状態は辛抱し得ない処まで来て居る

（「朝日新聞」一九三三年四月十九日）

だが副島は、この激しいインド政府批判とは裏腹に、日印関係のさらなる悪化につながるインド綿不買運動には大反対であった。四月十五日外務省来栖通商局長と帰朝中の佐藤ボンベイ領事を訪問、インド綿不買運動反対の陳情をおこなっている。副島は「紡績連合会の印棉不買は大国の襟度にあらざること又不買をな

さざるべからざる客観的情勢にあるにせよその時期を誤れること」を指摘、シムラでの日印通商交渉開始にあたり、紡績連合会側が代表派遣準備をせず、さらに「代表派遣不必要を声明するが如きは直接的日印交渉の真諦を悟らざるもの」と日本の紡績連合会の対応を強く批判する。そしてこれからも紡績連合会側が強硬態度を続けるならば、日印協会が実業家代表斡旋の労をとる用意があると説明している。これに対して同じ日印協会理事で大阪支部長でもある紡連委員長阿部房次郎は、副島を非難、「自分も日印協会理事の末席を汚しているがそんな話は全然聞いていない。……副島君の陳情というが恐らく個人的私見を具陳した程度ものではないかと思う」と激しく反発している。[36]

日印通商条約廃棄通告を受けた当時、国際連盟脱退の際日本を擁護しなかった英国に対する反発もあり、英国の横暴と日本側繊維業者の怒りが連日報道されている。特に繊維業界の反発は激しく、繊維産業、貿易の中心であった神戸・関西地方は反英・急進的ナショナリズムの拠点となりつつあったといわれる。さらに佐賀・薩摩閥のアジア主義を継承、汎アジア主義者のネットワークとなっていた大亜細亜協会は日印通商問題を反英主義・汎アジア主義の絶好の機会と捉え、活発な宣伝活動を開始している。その一方で、あくまで日英協調による平和的解決を志向、「インド綿不買」反対を主張する副島を中心とする日印協会執行部は激しい批判を協会内外から受けるようになる。一九三三年一月、日英協調を建前とする日印協会に対峙するかたちで、明確に反英とインド民族運動に対する連帯を志向する亡命インド人、繊維・貿易関係財界、宗教界の協力により関西日印協会が設立され、十月には京都支部が開設されている。[37]

一九三三年四月十九日、商工省主催の日印通商条約廃棄問題に関する対策懇談会が東京の丸之内工業クラブで開催された。鐘紡、東洋紡、大日本紡、日清紡、東洋綿花といった紡績関係企業、日本輸出綿織物工業組合など、また正金銀行頭取、日本郵船、大阪商船、三井物産三菱商事などの役員とともに副島八十六も出席。政府側からは商工大臣、事務次官、貿易局長、外務省通商局長、大蔵省主税局長らが出席。さらに同日午後、日印条約廃棄問題について民政党政務調査総会が開催され、商工省寺尾貿易局長とともに副島理事が出席した[38]。そこで副島は、これまでの日印通商関係が、安価な日本製品をインドの人々に輸出提供していたこと、日本でも必要な太糸の安い綿をインドから輸入していたことで日本と「インド農民」双方にとって良好なものとなってきたことを指摘している。そして副島は今回の英国側による通商条約廃棄と日本製品に対する大幅な関税引き上げに対する繊維業界の「インド綿不買運動」に反対を改めて表明している。

唯茲に一つ御話して置きたいことは、報復手段、是は我は絶対に反対です、是は支那のやうな常習犯がやることです、日本のやうな責任のある国でやることではない、日本は正々堂々とやるべきである、……そこで一番困るのは印度の農民です、印度の農民が可哀相です、さうすると印度政府も打捨て丶置けぬ、喜ぶ奴は印度に於ける企業家です、安い原料でやれるから喜ぶ、之を外にしては日本も困るが印度の農民が困ることになる……何れにしても報復手段といふことは大人気ないと思つております……

（「民政」第二十六号）

英国、インド政府による日印通商条約廃棄通告を受けて激しく英国を非難しながら「印綿不買運動」には一貫して反対の立場をとり続けた副島は、その理由として常に「印度の農民」を結局は苦しめることになることを繰り返し語り続けている。さらに副島は当時インド三億余の民衆が、「運動費も買収費も持つて居らぬ、悉く金の有る企業家に致されて居ると云ふ有様であるから駄目である、どうしても問題は印度の民衆が奮起しなければ納まらない、所が現在の印度の民衆には其力がありませぬ。」と斬り捨てている。

当時インドでは、ガンジー率いる第二次非暴力不服従運動が一九三一年総督府との妥協休戦により停止、失望と反発が広がっていた。副島はこれを「ガンヂが騒ぐとワーッと付て来ます、英国でも困つて居るけれども、所が或る時期が来ると監禁する、……もう大丈夫だと云ふので印度政府が外へ出すと、もう民衆は付いて来ませぬ、ホンの一時的花火線香同様な、たはいのない印度人で、実に可哀相です」とガンジーによるインド民族運動の現状に対してきわめて悲観的な分析をしている。さらに「十万や二十万足らずの英吉利人に抑へられてこの三億五千万の人間が悲鳴を揚げて居る、是は英国の力ばかりではない、印度は歴史有つて以来纏つたことがない、兎に角三億五千万の民衆が十万や二十万の英国人に虐げられるのは、印度国民に独立の能力の無いことが分る。」と述べている。

インド国民に対する「侮蔑的」とも取られかねないあまりにも悲観的な分析を、どう理解すべきであろうか。インド国民に「独立の能力のない」理由として副島は多人種多言語、多民族インドの現状を踏まえ、その分裂状況につけこんだ英国の統治を次のように説明している。

其他風俗習慣が極端から極端に走つて居る、そこの間隙に乗して土人間の競争軋轢を利用し、反間苦肉の計略で百八十二万方里を取つた彼れ英国は、印度に対して非常に犠牲を払つたと云ふけれども、それは嘘で、あなた方もご承知の通り、此百八十二万方里の大きな物を取つたのは、日本が台湾を治める十分の一位のもので、蚊で豚を釣つたやうなものであります……

（前掲誌）

かつて（一九一八年当時）副島は、日本のインド南洋理解が甚だ浅薄皮相の感を免れない愚民観に捉われていることを、「印度は唯釈迦の生地にして其人民は赭面裸体の蛮族に過ぎずと想像する者がある」と指摘している。[39] この状況は、「流れ流れて落ち行く先」としての南のジャワ（後藤紫雲作詞、宮崎郁芳作曲「流浪の歌」一九二二年）、「椰子の木蔭でテクテク踊る……踊れ踊れ濁酒のんで　明日は嬉しい首の祭り……」（石田一松作詞「酋長の娘」一九三〇年）にみられるように一九三〇年代においても変わらぬ一般認識となっていたことは明らかである[40]。

明治期の闊達素朴な南進論は中国大陸・朝鮮における日清・日露戦争を通じた帝国主義の制度化のなかに埋没する。第一次世界大戦を節目に、日英協調を基調とした経済南進を推進した大隈会頭の日印協会は、インド民族主義運動と距離を置かざるを得ず、また大川周明に副島みずから退会を迫るなど、アジア主義とは一線を画した団体であった。一九三〇年代日印通商摩擦におけるインド綿不買をめぐり、日印協会の対英協調姿勢は反英姿勢を強める関西財界の離反を招き、亡命インド人民族運動と連携した関西日印協会創立という事実上の「分裂」を招くことになる。その後日中戦争の激化により対中国政策が行き詰まりをみせると、「南進」に対する潜在的な関心が再び顕在化し、日英協調下伏流となっていた佐賀・薩摩「アジア主義」人脈を受け継ぐ大亜細亜協会など民間の国家主義者・団体が、あるときは官の南方関心をときに「先取り」しつつ、またときにそれと唱和しつつ「下方」から動員する役割を果たし、官民連携による「南進」を推進することになる。ここで忘れてはならないのは、民間アジア主義団体、論者らが最終的に旧態依然の「愚民観」に基づく日本盟主論的な「南進」国策の流れに自ら望んで、或いは否応なく巻き込まれていったことである。アジア民族の解放と連帯を唱えた在野の体験的アジア主義者らが、次第に官製の大東亜共栄圏構想にとりこまれていったことは「アジア主義の限界」を示すものといえるであろう[41]。副島と日印協会もまた、例外ではなかった。一九三九（昭和十四）年、日印協会は組織を刷新、「財団法人」として反英的「南進」の官製化の浪に巻き込まれていくことになる。やがて副島は、日中戦争の理念を、「徒に自国の権勢拡大を企図する覇道を排斥し、共存共栄、一視同仁の精神に基き、地上に楽土建設の理想を実現する」ものだと述べるにいたっている[42]。その後一九四三（昭和十八）年一月、横浜の印度倶楽部で開催された印度独立記念祭に、在京インド人らとともに出席している[43]。終戦後の一九五〇（昭和二十五）年二月二十日、東京にて死去、享年七十六であった。

インド・アジアの現在と日本のアジア主義

一八九七（明治三十）年以降、長期にわたってインド・南洋に滞在調査を続けてきた副島は、おそらく当時の「インド人の名状し難き貧困、インド産業の不況、教育の不振、飢饉時における無数の餓ふの発生、不服従運動が台頭してれう原の勢ひを呈しつつある現状」を肌身に実感していたと思われる。[44]副島が語っていた如く、「歴史有つて以来纏つたことがない」インドは長い独立運動の末、戦後の一九四七（昭和二十二）年独立するが、国民会議派とムスリム同盟の対立から東西パキスタンとインドに分裂することになる。インド国民会議派の長期政権下、「其他風俗習慣が極端から極端に走つて居る」インド多民族社会を世俗主義ナショナリズムによって纏め、宗教・エスニシティ間の融和につとめてきたインドであるが、副島の肌身で感じたインド認識は再び「予言」のように蘇ってきている。アジアではこれまで、異質なものと融和し、近代の憲法や議会制度、市場経済のなかに取り込むことで社会経済発展の活力としてきた「リベラル」な世俗主義ナショナリズムが主流となってきた。だが今日、その流れがあちこちで行き詰まりをみせるなかで、エスニシティや宗教といった他者との「差異」に求心力を求める、より土着的排他的なM・マンのいう「オーガニック・ナショナリズム」（エスノ・ナショナリズム）がインドにおいても頭をもたげはじめたのである。一九八〇年代以降ヒンドゥー至上主義を掲げるインド人民党の台頭は世俗主義を揺るがし、ムスリム、シーク教徒らの反発を招いている。さらに顕著な経済成長の一方で拡大する貧富の格差、依然として解消されないカースト差別の問題など、ＢＲＩＣＳの勝ち組として脚光を浴びるインドの影はあまりにも濃いものであることを忘れてはなるまい。インド人口の八割はヒンドゥー教徒、イスラム教徒はわずか一二パーセントであるが、インド総人口からすれば一億を越えるイスラム教徒を抱えていることになる。さらに地域経済格

ジョグジャカルタ一斉攻撃記念碑

差の拡大からインド共産党毛沢東主義派の勢力増大も見過ごせぬ問題となっている。その背景には、経済成長に取り残され、格差や差別に苦しむインド農民の姿がある。ここで改めて副島が常にその眼をインド農民の実状にむけていたことを想起せざるを得ない。副島なら「そこで一番困るのは印度の農民です」と語るのであろうか[45]。

本章は佐賀の生んだ副島八十六の多様多彩な生涯の一面に光を当てようと試み、あくまでその緒についたに過ぎない。久保田文次は、孫文をはじめとした中国の民族主義者らと副島との交友、さらに若き日における樋口一葉と副島との交流について明らかにしている。さらに近年、冒頭で紹介した土屋直子らによる「副島八十六関係文書」の整理が進められたことで、青山学院在学時を含む副島の人物像がさらに明らかにされつつあることは特筆されよう[46]。こうしたなか、筆者は、政財界のしがらみにとらわれる副島よりも、かつてインド南洋を跋扈し、肌身で現地の人々の生き様にふれていた「豪傑」の姿に大きな魅力を感じている。「副島君は何処までも豪傑であらねばならぬ、五寸の名刺を振回し、美濃紙二枚続きの秘密地図を持歩いて、天下の愚者共を嚇しつける豪傑であらねばならぬ。」（中村直吉・押川春浪前掲書）。

後藤乾一は、熊本県出身の没落士族で、写真技師としてジャワに渡航、現地の庶民生活に魅入られ、「原住民」とは一線を画した

「一等国民」現地邦人社会からは疎外されながらもインドネシア民族運動に挺身、戦後は独立戦争のなか「インドネシア人」として独立のため命を散らした市来竜夫の激しい人生を明らかにしている。また後藤は日本の帝国主義的南方進出の制度化のなかで東京専門学校、米国留学を経て、台湾総督府調査課勤務、さらにはセレベス・ペレン島鉱業所主にまで「栄達」した佐賀の士族出身の「帝国主義」エリート、原口竹次郎の複雑な生涯にも光を当てている。

インドネシア独立記念塔

同じ九州人でありながら帝国主義の時代に両極端の道を歩んだふたりの生涯は、近代日本の南方・アジア関与の在り方そのものを象徴するものとなっている[47]。

一方筆者は、本書「はじめに」で展望した佐賀・アジア主義人脈のふたつの流れ、大隈の「軽薄」とも評される合理主義と島義勇の狂おしいまでの非合理的な熱情、このふたつの間で揺れ動きつつもアジアへの独特の思いを貫いた明治の青年副島八十六に注目している。日清・日露戦争を経て日本の帝国主義の「制度化（官制化）」に直面し、政府にとってはいわば「用済み」となった対外硬・アジア主義者の「梁山泊」と化し衰退した「東邦協会」・佐賀人脈が、長州藩閥及び政友会を中心とした政党政治と対英米協調の時代に伏流として地下水脈を形成し、のちの対米英開戦へと連なる昭和期南進を推進する。一方で、時局に揺れ動きながらも南・東南アジアを射程に入れた平和的経済南進を唱道した副島八十六のような南進論者や南洋関係企業人らをも輩出している事実がある。つまりこれまで知られることのなかった「東邦協会」・佐賀人脈の伏流のなかに、良質なアジア提携と欧米との協調による平和的経済交流を併せ持った「アジア主義」の可能性があったのではないかと考えている。大隈に代表される合理主義と、江藤・島の流れをくむ激しい伝統回帰の熱情、この佐賀の育んだ両極的な特性の解明と近代日本・アジアに与えた影響の分析を通じて、近代日本の「アジア主義」の限界と可能性を見出せるのではないだろうか。

注

（1）「朝日新聞」一八九九年二月二十日
（2）「履歴書　副島八十六」「本邦ニ於ケル協会及文化団体関係雑件　日印協会関係」外務省外交史料館（アジ歴 B04012417100）
（3）「朝日新聞」一九四〇年十一月三十日
（4）副島八十六「南方の経営に就て」、「東邦協会会報」第一〇八号。副島八十六『帝国南進策』民友社、一九一六年、附録「南方経営論」
（5）「朝日新聞」一九〇五年四月二十六日。「副島八十六官衙学校視察ノ件」陸軍省「壹大日記」明治三十八年、防衛庁防衛研究所（アジ歴 C04014050600）
（6）矢野は次のように副島八十六を位置づけている。「ただ、二十年代初めに沸騰した南洋熱は、朝鮮半島問題をめぐる日清関係が緊張しはじめ、人びとの関心が再び「北」に戻るようになると、またたく間に冷却してしまう。そして、副島八十六らが三十年代につなぎ役を勤める。」矢野暢『南進の系譜　日本の南洋史観』千倉書房、二〇〇九年
（7）「朝日新聞」一九〇三年十二月十三日、十九日
（8）大形孝平編『日本とインド』三省堂、一九七八年。松浦正孝『「大東亜戦争は」なぜ起きたのか―汎アジア主義の政治経済史』名古屋大学出版会、二〇一〇年
（9）松浦正孝前掲書。大隈重信「日印協会に対する欧米の誤解について」、「日印協会年報」第三号、一九一〇年。
（10）『日印協会要覧』日印協会、一九二〇年
（11）「読売新聞」一九二〇年十一月二十日
（12）木村時夫「対華二十一ヶ条要求と大隈重信」、「早稲田人文社会科学研究」第二十三号、一九八三年
（13）木村時夫前掲書
（14）大形孝平前掲書。「在新嘉坡印度兵暴動事件報告」「新嘉坡印度駐箚軍隊暴動事件」大正四年　海軍省公文備考　巻一一六　外交騒乱外国人　防衛省防衛研究所

（アジ歴 C08020710900）

(15)「読売新聞」一九一四年十月五日

(16)「台湾日日新報」一九一八年二月十日、二月十七日「印度南洋に対する国策（上・下）」日印協会理事、副島八十六述、神戸大学新聞記事文庫

(17) 入江寅次『明治南進史稿』井田書店、一九四三年

(18)「台湾日日新報」一九二四年七月十二日~七月十五日、神戸大学新聞記事文庫

(19)「貿易会議に関する件」海軍省公文備考 官職十一巻十一、防衛省防衛研究所（アジ歴 C04015037900）

(20)「大阪朝日新聞」一九二六年九月十六日。委員のひとりとして招聘された南洋協会の藤山雷太は、政府による調査・情報収集の必要性と商工外務当局の不統一の不備を指摘している。

(21)「大阪朝日新聞」一九二六年九月十七日

(22) 白木沢旭児『大恐慌期日本の通商問題』御茶ノ水書房、一九九九年。白木沢によれば、日本の貿易行政は外務省通商局、商工省貿易局、大蔵省主税局関税課によって分化され、海外情報収集についても外務省は世界各地に領事の情報網を持つ一方、商工省は商品陳列館、貿易通信員を世界各地に配置し、それぞれ独自の情報収集を行っていたと指摘している。さらに税関を主管する大蔵省は貿易統計を作成、水産物輸出は農林省が担当するなど、通商政策をめぐり関係各省が競合する状態にあったのである。外務省と商工省の通商貿易主管をめぐる対立は、一九三六年外務省の大通商局構想と商工省の大貿易局構想の激しい対立へと発展、結局は外務省通商局の孤立に終わる。

(23) 松浦正孝前掲書

(24) 大畑篤四郎『日本外交史』成文堂、一九八六年。当時の反中国感情の高まりと中国権益拡大を求める気運が大隈内閣による対華二十一ヶ条要求に連繋していく経緯については大畑篤四郎『日本外交の発展と調整』（成文堂、一九八九年）

(25)「南京ニ於ケル支那北軍ノ本邦人虐殺及掠奪事件ニ関スル雑報」外務省記録、外務省外交史料館（アジ歴 B08090275900）

(26)「朝日新聞」一九一五年二月三日、三月二十六日

(27)「読売新聞」一九一八年二月四日

(28)「朝日新聞」一九一九年三月二日、一九二三年十二月七日

(29) 井竿富雄「尼港事件と日本社会、一九二〇年」、「山口県立大学学術情報」第二号 二〇〇九年

(30)「朝日新聞」一九二〇年六月十一日

(31)「朝日新聞」一九二〇年六月二十一日

(32)「朝日新聞」一九二〇年六月二十六日

(33)「読売新聞」一九二九年二月九日

(34)「読売新聞」一九二九年八月十三日

（35）「読売新聞」一九一八年二月二十六日

（36）「大阪時事新報」一九三三年六月十六日、神戸大新聞記事文庫

（37）松浦正孝前掲書

（38）「朝日新聞」一九三三年四月二十日

（39）「台湾日日新報」一九一八年二月十日付、神戸大学新聞記事文庫

（40）見田宗介『近代日本の心情の歴史』講談社、一九八七年ほか

（41）後藤乾一『昭和期日本とインドネシア』勁草書房、一九八六年。副島自身の日本における南洋「愚民観」に対する認識については、今後さらに検討を深めたい。

（42）松浦正孝前掲書

（43）「朝日新聞」一九四三年一月二十七日

（44）「朝日新聞」一九三二年十二月二十二日

（45）M.Mann, *The Darkside of Democracy*, New York:Cambridge Univ.r.,pp, 2005, pp.474－490

（46）久保田文次『孫文・辛亥革命と日本人』汲古書院、二〇一一年。土屋直子「副島八十六について――『副島八十六関係文書』整理における中間報告として――」「史友」第四十四号、二〇一二年

（47）後藤乾一前掲書、『火の海の墓標』時事通信社、一九七七年（オンデマンド版二〇〇七年）、『原口竹次郎の生涯』早稲田大学出版部　一九八七年参照

田中丸善蔵（玉屋創業二代）と南洋群島進出

日邦丸ヤルート来航

本章では佐賀県牛津町出身の玉屋創業二代田中丸善蔵の、ミクロネシア、マーシャル諸島など当時「南洋群島」と呼ばれた南西太平洋上に広がる南洋の島々とのかかわりを紹介した。特に第一次大戦下危険を冒した日邦丸による南洋視察、ヤルートでの田中丸商店社員の活動ぶりは、田中丸のこれまであまり知られてこなかった一面であろう。さらには戦前における日本の南洋経済進出を担ってきた南洋貿易株式会社のきわめて短期間ながら驚異的な発展を田中丸善蔵がリードし、中途で夢破れたことは、南洋事業経営と日本と南洋を結ぶ「南洋航路」の開拓者としての田中丸善蔵の名を近代日本の南洋関与の歴史のなかに鮮明にとどめることになったといえよう。

一九一四（大正三）年十月、第一次大戦のさなかの南西太平洋に向けて横浜埠頭から汽船日邦丸が盛大な見送りを受けて出航した。出港当時はインド洋、太平洋にドイツの巡洋艦エムデンが出没、翌十一月にオーストラリア巡洋艦に撃破されるまで、ペナンでロシア巡洋艦一隻が、また二十六隻に及ぶ商船が撃沈拿捕されており、まさに命懸けの壮挙であった。同船には、玉屋二代田中丸善蔵、海軍予備中佐田中行尚、佐藤適、金津熊夫ら数十名が乗船している。その目的は、南洋の経済状態の視察とドイツ海軍の通商破壊により途絶した南洋群島占領地への補給にあったという。当時南洋群島と他との交通は途絶し、食料や日用品が欠乏、戦時のため「行政上ノ必要ニ依リ一切他トノ交通ヲ禁止」された在住外国人への物資補給が国際関係上からも人道上からも喫緊の課題となっていたのである。財閥系海運会社がしり込みするなか、田中丸善蔵はいずれも佐賀出身の大隈重信、藤山雷太らにわたりをつけ、南洋群島への日邦丸派遣の計画を実現させた。彼らは善蔵の九州人らしい剛腹さに感じて、期待と信頼をよせたと『牛津町史』は記している。出航に際し埠頭に集まった随行者や水夫のなかには、「田中丸」という船を探しまわったというエピソードも、当時の善蔵の存在の大きさを示している。(1) 田中丸善蔵は佐賀県牛津町の出身で、父である初代善蔵は、呉服商とともに佐世保鎮守府に雑貨・衣糧を納入する業者として家業を大きく発展させていた。父のもとで関西方面と九州を行商・買い付けで行き来するなか、持ち前の商才を発揮して家業をさらに大きく発展させ、二代善蔵は家業を今日「玉屋」として知られる九州有数の百貨店として、さらに事業を展開させていった九州の知名士であった。

牛津赤れんが館。田中丸呉服店の倉庫として利用されていた

明治の豪放闊達な気骨と持ち前の商才を持つ二代善蔵は、九州では広く知られるところとなり、郷土佐賀出身の大隈重信や財界の大物藤山雷太とも知遇を得るようになっていたようである。善蔵は、第一次世界大戦勃発を受け、戦時の南洋に大きなリスクと商機を見出したことになる。「かねて(田中丸・引用

者）氏の侠気を知る」秋山真之海軍軍令部長は田中丸善蔵を呼び、南洋艦隊司令官松村中将と八代海軍大臣は彼に「日本海軍面目のために奮起せん事を促した」という。[2]

翌十一月、ヤルート島駐屯の第五特別陸戦隊指揮官・ヤルート守備隊長立川常次少佐は、田中丸らのヤルート島来訪を次のように記している。[3]

大正三年十一月十九日午前十時、「西方遥ニ黒煙ヲ見ル……田中丸商会汽船日邦丸ナリ……午後六時一〇分日邦丸ヤボール錨地ニ入港」。

ヤルート島はマーシャル諸島のヤルート環礁にあり、ドイツ領時代にはポナペ政庁の支庁がおかれたのみならず、島内のヤボールは安全な錨地として桟橋や軽便鉄道が整備され、ドイツのヤルート会社、英国系バーンズアンドフィリップス会社の支店・倉庫が開設されている。ヤルートは燐鉱、コプラなどマーシャル諸島経営の中心として、重要な拠点であった。一八八五（明治十八）年ドイツの南洋群島領有を受け、ヤルート会社が創立、同社は徴税権をはじめヤルートのみならずマーシャル諸島行政の実権を握ってきたが、マーシャル諸島の門戸開放を求める英国企業バーンズアンドフィリップス会社との紛争を経てヤルート会社の特権が失われ、一九〇六（明治三十九）年以降ニューギニア総督の直轄地としてヤルートに支庁がおかれることになった。だがその後もヤルート会社はヤルート支庁やドイツ海軍との特別な関係を維持し、ドイツ政府との間にシドニー、カロリン、マーシャル、香港を結ぶ郵船契約を結び、ドイツ海軍のための貯炭などを担う国策会社としてバーンズアンドフィリップス会社と激しい競争を続けてきた。[4]

こうしたなか、一九一四年八月二十三日、日本はドイツに対して宣戦を布告、日本海軍は佐世保を出て青島のドイツ拠点に向け出航する。九月十四日には海軍第一南遣支隊が横須賀を出港、九月二十九日にヤルー

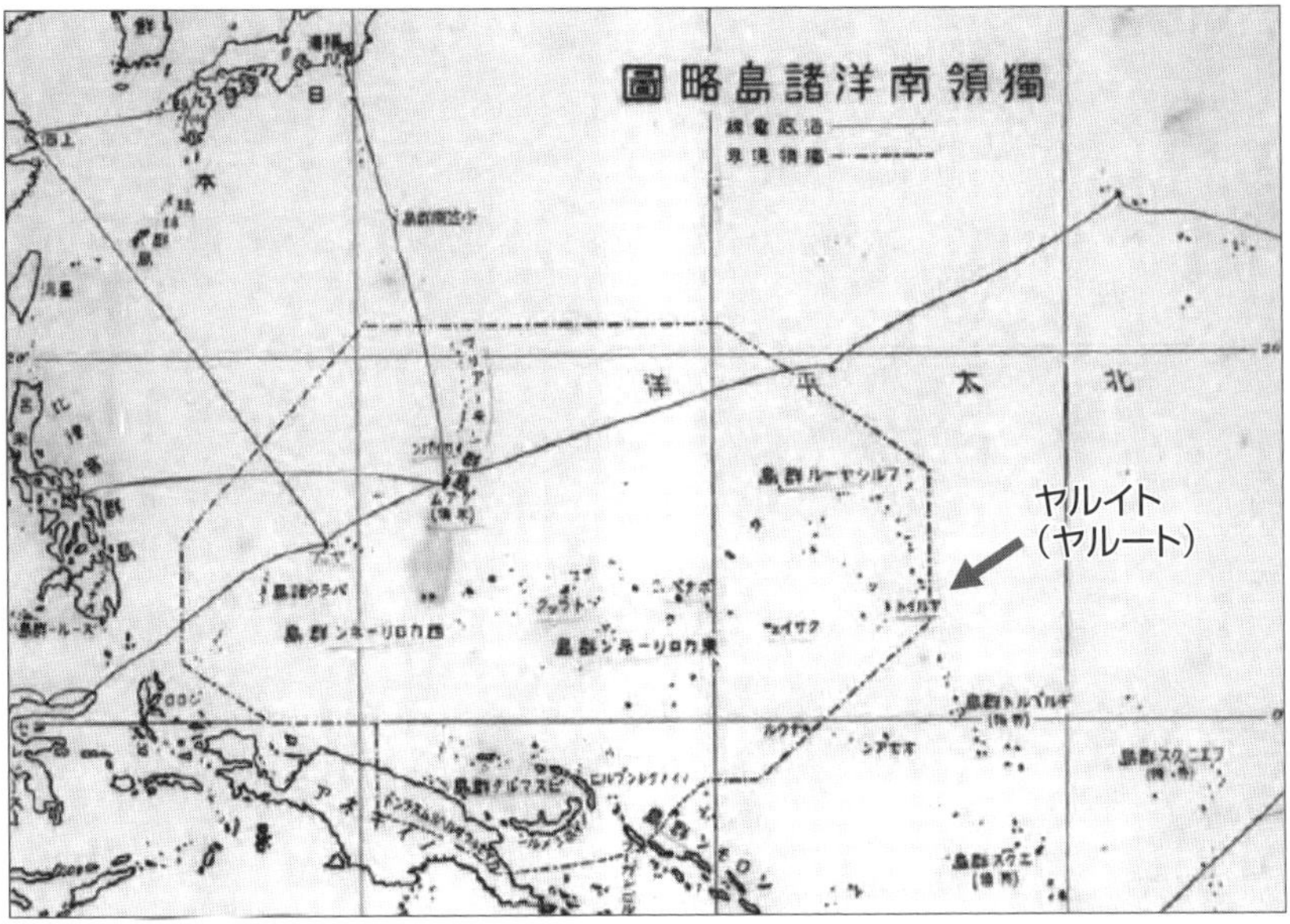

独領南洋諸島図（大野守衛『独領南洋諸島事情』1915年）

トに到着。一時占領を経て十月三日、正式の占領命令を受けてヤルート島が日本海軍占領下におかれることになる。[5] 山屋第一南遣支隊司令官は軍令部宛次の電報を送信している。

枝隊ハ上命ニ基キ今十月三日「マーシヤル」群島首庁所在地「ヤルート」ニ聯合陸戦隊ヲ揚陸シタル所何等抵抗ナク此ヲ占領セリ「マーシヤル」群島ハ事実帝国軍ノ権力内ニ帰シタルヲ以テ同群島ヲ占領シタル旨本職ノ名ニ於テ全島ニ布告セリ[6]

ヤルートには第五特別陸戦隊が守備隊として配備され、指揮官は立川常次少佐であった。[7]
十一月九日の日邦丸入港後、佐藤適と店員野田全一が来庁し、その来航目的を「ヤルート島ニ事務所を設置シ、マーシャル群島ノ貿易ニ従事」することにあると説明している。日邦丸の積荷は、南京米、麦粉、麦酒、酒類缶詰類や雑貨などであった。翌々日の二十一日、田中丸善蔵が来庁、海軍軍政下のヤルート守備隊指揮官は田中丸商会事務所設置を許可している。その際、善蔵は現地での視察の足として商用スクーナーを買い取ろうとしたが、うまくいかなかったようである。また、ドイツ海軍の恐怖と背中合わせの日邦丸の過酷な航海は同船火夫長を脚気で失うことになり、二十二日の埋葬式には陸戦隊附軍医官長田中軍医、指揮官附小林中尉が参列している。葬儀の翌日の十一月二十三日午後四時、田中丸善蔵らを乗せて日邦丸はエボンに向け出港した。善蔵は「代理人野田金一以下店員四名ヲ残シ貸下地ニ事務所設置ニ着手」した。[8]

田中丸代理人　金津熊夫のエボン方面視察

日邦丸がヤルートを出港して一週間後の十一月三十日午前五時四十五分、帆船「ヤンセンロキゼン」がヤルートに入港する。同船は、田中丸商会がアイリングラップラップで傭船したものであった。立川ヤルート守備隊長はその様子を次のように記している。

全船ハ「アイリングラップラップ」ニ居住スル「ラリック」大酋長「レート」ノ所有ニシテ日邦丸仝寄港ノ際凡四百「マーク」ニテ借入レタルモノニシテ噸数四十五噸田中丸商会代理人金津熊夫外一名乗組来島セシモノナリ

田中丸善蔵は日邦丸でヤルート出航後エボンなどを経て帰国の途につき、以後善蔵の代理人として金津熊夫がエボン、ナモリク、アイリングラップラップとヤルートを結ぶ新たな商機を探ることになったと思われる。十二月二日には金津を乗せた田中丸傭船「ヤンセンロキゼン」がエボンに向け出港している。[9]

ヤルート島に残留した田中丸商会の六名は十一月三十日木造トタン葺仮小屋と倉庫を建設、翌日から商品販売を開始した。ヤルートでの田中丸商会の動静を守備隊長立川少佐は次のように好意的に海軍軍令部に報告している。「其ノ売価低廉ナルヲ以テ極メテ好況ヲ呈シ本日迄ニ於テ雑貨類ハ全部ヲ売尽シ目下少量ノ米穀ヲ余スノミ」[10]。

一方、十二月二日エボンに向け出港した金津熊夫は、エボン、ナモリック、ナモ、アイリングラップラップを経て十二月二十八日コプラ三五トンを満載してヤルートに帰港する。金津は、ヤルート守備隊長に次のようにその成果を報告している。

アイリングラップラップニ在ル酋長「レート」ニ非常ナル歓迎ヲ受ケ且ツエボンニ在住ノ仝酋長ノ弟「リトクワ」ニ対スル紹介状ヲ、レートヨリ得テ同所ニ於テモ同様ノ歓迎ヲ受ケ其ノ他至ル処土人ハ皆好意ヲ以テ迎ヘタリト尚酋長レートハ商店トシテ自己所有ニ係ル洋風家屋ヲ貸與スヘキニ依リ是非アイリンクラップラップニ於テ開店ヲ懇望セシト且、コプラ買集メニハ、ヤボール島ヨリ同島ノ方便宜多キヲ以テ一時本島ニテ開店セシ事務所ヲ閉チ倉庫ノミヲ残シ不日仝地ニ移転スル豫定ナリト雖モ管理者其ノ他ノ関係上確実ナラス……又、ナモリックハ完全ナル環礁ニシテ唯一ノボート通路スラ有セス且ツ礁内真珠貝夥シク繁殖シ居リ僅々二日間数人ニシテ貳千参百円ヲ得タリ（貝ノ大サハ径三寸乃至五寸ニシテ小ナルモノノミナルモ或ハ場所ニ據リテハ大ナルモノアルヘキ見込ナリ）又ビアカ島ニハ鼈甲及海白鳥（羽ハ婦人用ボンネットニ最モ適ス）多数アルヲ以テ不日該帆船ニテ同方面ニ向ヒ充分ノ調査ヲナスヘシト云フ[11]

南洋企業合同の示唆と分れる田中丸評価

アイリングラップラップ住民らによる田中丸商会の歓迎ぶり、きわめて有望な真珠産地としてのナモリック、鼈甲、海白鳥（アホウドリのことか・筆者）の豊富なビアカ島など、わずか三週間ほどの間にこれだけの商機を見出すと共に、コプラ三五トンを買い付けてきた金津を、ヤルート守備隊長は高く評価したようである。ヤルート帰港の二十八日当日には早くも金津熊夫は立川少佐宛「養殖真珠場貸下御願」をいち早く提出している。

こうして、一九一四年十月守備隊ヤルート上陸以降二カ月足らずのうちに、旧ドイツ権益を継承すべく同島には南洋ビジネスのプロフェッショナルである南洋貿易会社のベテラン社員をはじめ、野心に燃えた多くの日本人がやってきた。

一九一四年十二月三十日南洋貿易会社所属の大進丸がヤルートに入港。同船には、カロリン、マリアナ方面で永年にわたる南洋貿易経験を有する原次郎が乗船していた。原はこれまでドイツ企業が独占してきたヤルートでの商機を探るべくトラック・ポナペの南洋貿易支店に向かう途中、占領間もない同地の視察にやってきたようである。

「相當ノ商業家ト認メ」られる原は、「本群島中 Rarik chain ニ属スル各島ハ既ニ田中丸善蔵ノ酋長レートト契約ノ存スルヲ以テ同船ハ田中丸善蔵代理人金津熊夫ト協議ノ上 Ratak chain ニ属スル majuro ニ向ケ大正四年一月七日出港同所ニ事務所ヲ設置セント」したという。

さらに一九一五（大正四）年一月二日南洋興業会社の傭船金華山丸（船主金華山漁業株式会社）が入港する。同船にはニューギニアのラバウルに開店し、「相當経験ヲ有スル」南洋興業の松本正純が乗船していた。[12]

その目的は、コプラ輸出と漁業経営の商機を探るものであり、そのため同船には和歌山県庁と和歌山県水産組合から派遣された和歌山県技手岡崎忠三郎が便乗していた。

なかでも立川守備隊長は海軍軍政下ヤルートの最高責任者として、これまでの実績豊富な南洋貿易、南洋興業とともに、金津熊夫に代表される田中丸商会を、新参者でありながら高く評価していることが見受けられる。[13]

サイパン市街の一部（南洋庁『南洋群島写真帖』国立国会図書館所蔵）

さらに日本の手強い競争相手として、「創業十年比較的強固ナル根底ヲ有シ而モ敏活ナル」英国企業バーンズアンドフィリップス会社、また日本軍占領下で不利な状況にありながらも、「各島富有ナル土地ト手足ノ如クニ従事スル仲買人トヲ有シ抜クベカラサル勢力ヲ扶植アル資本金二二〇万馬克」を誇るドイツ企業ヤルート会社があることを指摘している。守備隊長は軍人らしからぬ経済見識を以て、次のように述べている。

茲ニ於テカ田中丸善蔵ト南洋貿易会社トハ既ニ合同ノ機運熟セリトカ、南洋興業会社モ亦此ノ旗下ニ参集セサルヘカラザル運命ヲ有ス……資力アリ着實ニシテ有力ナル一会社ノ創立ヲ見ルヲ得ハ邦家ノ為メ処スヘキナリ……[14]

一方で次のような報告も第一特別根拠地隊長名で軍令部宛されている。

十月三十一日第十一乾坤丸（一一月）六日日邦丸入港日邦丸ハ穀類及雑貨ヲ輸入尚無断各島ニ人員ヲ残留セシメタリ渡来ノ商人ニ不信ノ言動多ク暴利ヲ貪リ土人怨嗟ノ声ヲ聞ク島政運用上多大ノ支障ヲ来ス恐アリ[15]

いうまでもないが日邦丸は田中丸の傭船である。また別の史料には、サイパン島守備隊長の「佐世保の御用商人田中丸善蔵が占領した島々に上陸しては『田中丸占有地』と書いた看板を立てていたので厳重に注意した」との報告が存在することが明らかにされている[16]。

こうした報告は、ヤルートにおける金津熊夫に代表される、田中丸善蔵の誠実な商活動を際立たせるものとなっている。永年南洋で辛酸を嘗め、足場を築きあげてきた南洋貿易、南洋興業などの老舗企業に比べて、いわば戦時のどさくさに日邦丸を仕立ててやってきた田中丸一行は、いくら佐世保鎮守府御用であったとしても戦時下南洋各島の現地守備隊にしてみればいかにもうさんくさい存在と映ったことは想像に難くない。それにも関わらず、本稿で主に紹介したヤルート守備隊長立川少佐の軍令部宛報告に現れた田中丸善蔵代理人金津熊夫と田中丸商店（田中丸合名会社）に対する冷静な評価は、突出したものとなっている。金津は田中丸善蔵の南洋貿易取締役社長就任後も蘭領東インドのセレベスへと派遣されるなど活発な活動振りが示唆されるものとなっている。

田中丸社長就任と南洋貿易の飛躍的拡大

南洋貿易株式会社は一八九三（明治二十六）年、和歌山県の素封家三本六右衛門、船渡政助ら有志による組合事業として僅か八千円の資金をもとに南洋貿易事業を創始したことに始まる。その翌年の一八九四（明治二十七）年資本金一万二千円の合資会社として南洋貿易日置合資会社が発足（「日置」は三本らの出身が和歌山県日置村であることによる）、一八九九（明治三十二）年には資本金十万円の南洋貿易日置株式会社となり、一九〇八（明治四十一）年には村山合名会社との合併により資本金十五万円に増資、日置の字をとり南洋貿易株式会社が誕生するにいたった。ドイツ政庁による圧迫や日露戦争の逆境を乗り越え、やがて「努力奮闘遂ニ大正二年末ノ決算ニ於テ参拾有余萬圓ノ財産ヲ有スルニ至リ尚進ンデ事業ノ発展ヲ計ル」ことになったのである。[17]

南洋貿易株式会社は一九一三（大正二）年当時英領ギルバート諸島方面への事業拡大を進めつつあったが、日独開戦により大きな転機を迎えることになる。ドイツ領南洋群島に日本海軍が上陸、軍政が敷かれ、従来ドイツ人の独占してきたマーシャル諸島の権益が日本人の手に入ることになったのである。そこで南洋貿易株式会社は一九一四年十二月、現資本金十五万円に加えて三十五万円の増資を計画するにいたる。『南洋貿易五拾年史』は次のように記している。

増資額の参拾五萬圓は、三本社長が一人で引き受けても楽に出来るので、金は問題ではなかつたが、人が問題であつた。本来社長の三本六右衛門は紀州第一の富豪であり、初めから会社の実務には殆ど携はる所がなかつた。……会社経営の任務は、専務の船渡政助が一人で背負つてゐた。それで船渡専務は会社の事業拡張は必然の勢ひであり、増資計画の案も出来たが、船渡と共に経営の衝に直接當つて呉れる人物が欲しかつた。

増資をして事業を拡張しても、人がいなければ、いかに有望な事業でも、それを現実化することは出来ない。こうしたなか、たまたま田中丸善蔵が現れたと『五拾年史』は記している。田中丸は群島の各地を視察

田中丸が社長に就任した
南洋貿易株式会社本社

して同年十二月中旬に帰国、同年末善蔵は上京して船渡専務を訪問、南洋貿易会社への出資と経営参加を申し出たという。[18] これにより一九一五年二月、増資計画に基づき田中丸が三十五万円を出資、従来の資本金十五万と併せて南洋貿易の資本金は五十万円となった。出資に伴い、田中丸善蔵は三十四歳の若さで取締役社長に就任した。翌一九一六（大正五）年にはさらに五十万円を加えて資本金が百万円に増資された。

一九一六年十一月一日、南洋貿易株式会社社長田中丸善蔵と海軍省経理局長との間に、横須賀と南洋群島間に於ける海軍用運送契約が月額四万二千円で締結された。これにより横須賀、横浜、門司、小笠原父島、サイパン、トラックを幹線として結び、トラック島とポナペ、クサイ、ヤルート、パラオ、アンガウルなどの南洋各島を支線として結ぶ海軍の受命による南洋定期航路の運行が海軍の命令航路として開始されることとなった。[19]

一九一七（大正六）年には三度目の増資で一躍三百万円にまで増資が行われ、事業はさらに拡張されることになる。一九一七年は田中丸の南洋貿易にとって事業拡大の画期となるものであった。セレベスのメナドに支店を開設、戦争特需に沸くなかで世界的規模での船腹不足を受け、鳥羽の造船所を買収し自ら造船に乗り出したほか、田中丸南洋視察に傭船したかの日邦丸のほか新たに千トン級木造船三隻を購入する。また初代善蔵の四男（二代善蔵の弟）善八は八〇〇トンの南貿丸にコプラを満載して、サンフランシスコに直接貿易を試みている。[20] さらに同年十二月には南洋貿易商社の草分けのひとつであった恒信社の営業権すべてとその所有する補助帆船五隻を買収している。

一方、南洋貿易株式会社々内では、創業以来一九一五年の増資まで同社の経営を担ってきた船渡政助取締役らが退任、新たに田中丸の南洋視察に同行した佐藤適が取締役支配人に就任する。さらに南洋視察に際して大隈重信と田中丸との「わたりをつけた」佐賀出身の財界の後ろ盾、藤山雷太が相談役に迎えられている。まさに「田中丸カラー」を鮮明にした人事であった。

翌一九一八（大正七）年にはさらに所有帆船を増やすとともに、英蘭系バターフセ石油会社（B.P.M.）のボルネオ・バリクパパンにおける物資輸送契約を締結したほか、田中丸の日邦丸南洋視察に際してマーシャル諸島で大いに活躍した金津熊夫らをジャワに派遣、スラバヤの農園事業、石油事業などについて調査視察をおこなっている。またフィリピンの麻にも関心を持っていたようである。[21]

大戦終結後の南洋貿易会社と田中丸善蔵

しかしながら一九一八年半ばにおけるドイツ西部戦線での大攻勢失敗、十一月のドイツにおける十一月革命と休戦を受け、こうした好景気も終りを告げつつあった。翌一九一九（大正八）八年六月のヴェルサイユ講和は、好景気のもと膨れ上がった海運業界の崩壊と商品市場の暴落を引き起こしたのである。この戦後恐慌により商社の倒産や契約破棄が頻発し、それまで相次ぐ増資と営業拡大を強気におこなってきた南洋貿易株式会社もその影響を免れることはできなかった。タイミングの悪いことに、休戦の成立する一九一八年十一月に同社は臨時株主総会を開き、資本金三百万円を倍額の六百万円に増資することを決議、直ちにそれを実行したことは田中丸善蔵にとって致命的なものになった。またセレベスのメナドを大阪に向けて一九一八年七月二日に出港した南貿丸は行方不明となり、懸命の捜索も空しく翌八年二月、築地本願寺で社葬を行い、四月には船籍を抹消されるにいたっている。[22]

戦後恐慌に加えて南貿丸喪失は同社に大きな損害を与え、増資から一年にも満たぬ一九一九年九月には資本金四百万円が減資されることになる。この責任をとり、田中丸善蔵は取締役社長を辞任、取締役に降格、間もなく同社から身をひくことになる。

だが、田中丸善蔵の次のような人物評はその短いながらもきわめて破格の南洋関与を三十代にして成し遂げたことをみればまさにふさわしいものといえるであろう。

> 欧州戦乱終息後に至り事業に一頓挫を来せしため已むなく同社の事業を断念せしと雖も、氏は確かに南洋開拓の殊勲者たると同時に南洋貿易の先覚者として當時の活躍は大に推賞するに足るべし
>
> (酒井福松・村川嘉一編『佐賀県の事業と人物』事業編)

南洋貿易株式会社から身を引いた田中丸善蔵は、以後佐世保をはじめ福岡、佐賀でのデパート事業に専念、恐慌を乗り越え昭和の時代とともに事業を大きく展開していったことは人々に知られるところである。一方その後の南洋貿易株式会社は一九二三(大正十二)年の関東大震災の打撃もあり厳しい経営を続け、相次ぐ役員の交代と無配当を繰り返しながらも踏みとどまる。やがて一九三九(昭和十四)年には資本金一千万円に増資、農水産業、鉱業、海運造船などの多角化と南洋及び蘭領東インドを活動地域とした幅広い南方事業を展開する国策企業として存続する。そして一九四二(昭和十七)年には松江春次の南洋興発との合併を経て、太平洋戦争敗戦とともにその生命を終えることになる。一方玉屋は佐賀を代表するデパートメントストアとして現在も地元で親しまれる存在であり続けている。さらに初代善蔵の四男で玉屋四代善八の蒐集した

九州陶磁のコレクションは日本有数の貴重な田中丸コレクションとして現代に受け継がれている。

こうしたエピソードを秘めた南洋群島は、一九一九年のヴェルサイユ講和会議において国際連盟の「委任」による日本の委任統治領となることが決定された。委任統治領とは国際連盟の監督下におかれるものとはいえ、実質的な植民地と変わらないものであった。一方、米西戦争によりグアム島を領有する米国は、日本がグアム島に隣接する旧ドイツ領南洋群島を委任統治することに難色を示した。この背景には、米国におけるアジア系移民排斥と裏腹の対日警戒感があったことは否めない事実である。そこでヴェルサイユ講和条約を批准しなかった米国との間に「ヤップ」島及他ノ赤道以北ノ太平洋委任統治諸島ニ関スル日米条約を一九二一（大正十）年締結、ヤップをはじめとする旧ドイツ領南洋群島における米国の既得権益を認めることで、日本の委任統治を認める日米合意がなった[23]。南洋庁とは、この旧ドイツ領南洋群島の現地行政を実施する日本の官庁である。日米合意を踏まえ、軍事占領のなごりである臨時南洋防備隊条例が一九二一年廃止され、南洋庁は勅令により設置されることとなる。

南洋庁の長たる長官は内閣総理大臣、逓信、大蔵、農商務大臣の監督下にあるものの南洋群島における庁令公布権限をはじめ、治安維持を含む強大な行政権限を付与された[24]。この南洋庁の統括下、群島を六区画に分け、区画ごとに六つの支庁を設置した。すなわち、サイパン、ヤップ、パラオ、トラック、ポナペ、ヤルートの六支庁である。南洋群島占領当初わずか数十名の邦人も、一九二〇（大正九）年には三六〇〇を超え、一九四三（昭和十八）年には九万六六七〇人を記録している。一方、現地の島民数は一九二〇年の四千八百人余りから一九四三（昭和十八）年には五万二千人余にまで増加したに過ぎない[25]。

注

（1）牛津町史編纂事務局編『牛津町史』一九九〇年

（2）『事業ト人　奮闘秘話二』福岡時事社、一九二九年

（3）「第五特別陸戦隊戦時日誌（一）」公文備考、防衛庁防衛研究所（アジ歴 C10080130500）

（4）外務省通商局『獨領南洋諸島事情』大正四年

（5）南洋協会南洋群島支部『日本の南洋群島』昭和十年

（6）「第一南遣支隊戦報（電報）（二）」「特別南遣艦隊戦報」海軍省公文備考、防衛省防衛研究所（アジ歴 C10080154200）

（7）「第五特別陸戦隊戦時日誌（一）」公文備考、防衛庁防衛研究所（アジ歴 C10080130500）

（8）「第五特別陸戦隊戦時日誌（一）」公文備考、防衛庁防衛研究所（アジ歴 C10080130500）

（9）「第五特別陸戦隊戦時日誌（一）」公文備考、防衛庁防衛研究所（アジ歴 C10080130500）

（10）また、日本海軍占領下のドイツ領南洋群島では、ドイツ法に基づき「営業ノ多寡ニヨリテハ六千馬克ノ営業税ヲ納付」することとされ、実際に外国人から守備隊長名で徴税を行ったとの記録がある。だが「田中丸善蔵ニ於テモ過渡ノ時期ニ於テ六千馬克ノ営業税到底耐ユル所ニ非ルヲ以テ第一南遣枝隊司令官カ日本商人ニ對シ當分ノ間輸出入税ヲ免セラレタル御趣旨ヲ體シ」営業税を免除したと報告されている。五特陸報第二「第五特別陸戦隊戦時日誌（二）」公文備考、防衛庁防衛研究所（アジ歴 C10080130500）

（11）五特陸報第二「第五特別陸戦隊戦時日誌（二）」公文備考、防衛庁防衛研究所（アジ歴 C10080130500）

（12）南洋興業は南洋貿易同様、主に紀州の富豪や事業家の援助を受けていたという。

（13）立川少佐は軍令部への報告の中でヤルート到着間もない田中丸の動向をむしろ冷ややかに見ていた。たとえば商用スクーナーを買い取ろうとした田中丸を、「種々手段ヲ画センモ遂ニ失敗ニ皈セリ」と記している。だが二週間の航海から再び寄港した金津の報告を詳細かつ好意的に記していることからも金津に代表される田中丸商会を評価していることが見受けられる。

（14）五特陸報第二「第五特別陸戦隊戦時日誌（二）」公文備考　防衛庁防衛研究所（アジ歴 C10080130500）

（15）第一南遣支隊戦報（電報）（五）「特別南遣艦隊戦報」公文備考、防衛庁防衛研究所（アジ歴 C10080154500）

（16）平間洋一「田中丸善蔵——南洋航路の開拓者——」「太平洋学会誌」第七十二／七十三号、一九九七年一月

（17）「南洋貿易株式會社増資趣意書」、『南洋貿易五拾年史』南洋貿易株式会社、一九四二年

(18)『南洋貿易五拾年史』

(19)だが翌大正六年九月三十日を以て同社は命令航路受命を辞退、日本と南洋群島を結ぶ幹線の命令航路は日本郵船が継承することになった。以降南洋貿易株式会社は南洋群島と北米などを結ぶ航路開拓のほか、主に南洋群島内を結ぶ支線経営にあたり、以後も経営拡大に併せて船腹を増やし続けた。「臨時南洋群島防備隊民生例規」海軍省公文備考、日独戦書、防衛庁防衛研究所（アジ歴C10128582800）。『南洋貿易五拾年史』。「朝日新聞」一九一八年二月十三日

(20)『牛津町史』

(21)『南洋貿易五拾年史』、『中外商業新報』一九一八年十一月二十一日（神戸大学新聞記事文庫）

(22)「南貿丸、酒田丸、近島丸、大成丸」海軍省公文備考、巻三十四 艦船十七、防衛研究所（アジ歴C08021343700）

(23)南洋庁『南洋庁施政十年史』南洋庁長官官房、一九三二年

(24)大正十一年勅令第一〇七号「南洋庁官制ヲ定ム」『公文類聚』第四十六編・大正十一年・第八巻・官職七・官制七（樺太庁・南洋庁・会計検査院・庁府県）国立公文書館（アジア歴A01200215900）

(25)南洋庁『南洋庁施政十年史』南洋庁長官官房、一九三二年。沖縄県教育委員会編『沖縄県史 第七巻 移民』一九七四年

久留米・青島・満州・ジャワ

戦前期久留米ゴム工業発展にみる国策アジア進出への協調と抵抗

戦前期久留米の躍進におけるゴム工業

本章では福岡県久留米に創業され、その後世界的な企業として知られるようになるブリヂストンのアジア・南方との関わりについて紹介を試みている。旧藩時代の家内手工業的な足袋づくりが規格化・均一価格化、給料制の導入など経営の近代化によって久留米のみならず日本を代表する産業の礎になったことはブリヂストンの歴史を振り返るなかで重要な点である。さらに第一次世界大戦は、当時の「帝国主義」の時代要請であった「人口、資本、面積」が狭小な日本の生存戦略を顕在化させた。対華二十一ヶ条要求にみる中国大陸における満州・華北権益をもとにした「北守南進」、さらには南洋群島獲得で盛り上がった「南進」の動きである。「護謨ハ南洋綿布ハ日本　其他日支双方ヨリ」求めた石橋の青島戦略は、日本の北進・南進ふたつの対外政策を見事に産業に結びつけ、平和的経済進出を目指すものであった。さらに石橋正二郎が、ブリヂストンの企業戦略としてときには政府や軍部と妥協・協調しながらも、決してそのいいなりのままになることなく長期的な視野に立ち、揺るぎない信念を以て経営に努めていたことを、とりわけ太平洋戦争下ジャワとの関わりの一端に見出すことができる。

九州財閥は、いづれも石炭を掘つて築きあげたものばかりである。だが、こゝに石橋財閥だけは全くの畑違ひから発足して、今日の化学王国を九州の一角、筑後河畔に打ち建てた。つまり、ほかの所謂『石炭財閥』は、草履を穿いて地下にもぐつたけれど、スタートに於て一歩遅れた石橋は、その代りゴム底靴といふ一歩進んだ代物を穿いて、しかも地上の平坦な近道を走り、やがてタイヤ製造といつた最も近代的でスピーディな事業分野を開拓したのだつた。

（松下傅吉『九州財閥の新研究』）

久留米商工会議所は、「近代工業の華として、内地は云ふに及ばす遠く海外迄其名を知られてゐる『ゴム工業の都久留米』を今日あらしめたものは實に足袋製造業であった」と記している。[1] 旧藩時代の内職にはじまる家庭的手工業から発展した足袋の産地としては久留米のみならず埼玉県の行田などが知られているが、明治大正期久留米のつちや足袋、志まや足袋は、伝統的なものづくりを堅持しつつ近代的な経営手法をとりいれ、家庭的工業から機械工業へと脱皮していくことで全国的にも有数の足袋製造で知られることになる。なかでも石橋徳次郎、正二郎兄弟のもと、志まや足袋成功の鍵として指摘されているのは、シャツやズボン下、足袋などの多品種製造をやめ、需要が見込める足袋専業としたこと、さらに踏み込んで「サイズやデザインにより値段が細かく分かれているのが常識で、商品の搬送や販売に手間がかかった」足袋の価格設定に均一価格を導入、販売や搬送などの効率化に努めたことが指摘されている。当時は

自家製の大看板を掲げた志まやたび本店
（『ブリヂストンタイヤ五十年史』）

当たり前だった無給の徒弟奉公を見直し、給料制、労働時間短縮などを導入したことも重要である。[2] その後、志まや足袋は「アサヒ足袋」ブランドの成功を受けて日本足袋、日本ゴムと名称を変更しつつ増資を重ね、つちや足袋とともに久留米を代表する日本有数の企業となる。その後日本足袋は石橋正二郎の慧眼によりゴムの将来性に着目、木綿足袋とゴムを結びつけることで地下足袋を実用化、さらなる発展を続ける。また石橋正二郎は米英よりの輸入タイヤに伍してタイヤの国産化を目指し日本足袋タイヤ部を設立、一九三一(昭和六年)年三月ブリッヂストン株式会社を創立し、自動車タイヤ、チューブ、ゴルフボール其他のゴム製品製造へと事業を拡大する。また日本足袋株式会社も増資を続け一九三七(昭和十二)年日本ゴムに改称し足袋のみならずゴム靴、地下足袋製造に乗り出し、つちや足袋と並ぶ戦前期久留米経済をけん引する原動力となるのである。[3] そして久留米のみならず、九州地域、ひいては日本の経済的伸張と政治外交の大きな転機となったのが、第一次世界大戦であった。

久留米ゴム工業の画期としての第一次世界大戦

大隈内閣は第一次世界大戦参戦を決定、一九一四(大正三)年八月二十三日、対独宣戦を行う。[4] 地中海・インド洋方面に海軍を派遣、中国、ミクロネシアなどのドイツ根拠地を攻略占領することになる。その翌年一月、袁世凱の北京政府に対して対華二十一ヶ条要求を提出、五月には受諾させる。中国側はこの受諾の日を「国恥記念日」とし、中国民族主義の歴史に深く刻み込まれた。さらにこのことがアメリカ、イギリスに根深い対日不信感を植え付けることになる。加藤外相はその回想で「いざ要求を提起すると決まったら、各方面から、これも要求しろ、いや之も解決して貰い度い、と山のやうな注文が舞ひ込む始末で」あったことを告白している。[5] さらに近年、奈良岡聰智は、対独参戦の主目的が、日露戦争で日本が得た満州(現中国東

日本足袋本社，工場（1932年，『ブリヂストンタイヤ五十年史』）

北部）権益の期限延長にあり、ドイツから獲得した山東半島返還を取引材料に、秘密交渉によって中国からより大きな利益を引き出すことだったことを改めて実証的に明らかにしている。一方、袁世凱政権は交渉内容を国内外にリークし、巧みに反日世論を醸成したという。[6] 日本にとって第一次大戦は、「ぬれ手に粟《あわ》」的に青島と南洋諸島が手に入り、それで終わったと考えられた。これ以降の日本は、それまでの欧米協調路線が対日警戒と日貨排斥の拡がりをもたらした外交的失敗のなかで、中国との関係再調整を模索しながら満州、華北権益へのこだわりを強め、日中関係のみならず世界における日本の立場をより困難なものとしていくことになる。[7]

こうしたなか、手工業的なものづくりの繊細な技術を基盤に近代的経営と機械化を取り入れた日本足袋は「大正七年の矢張り大戦前後の好況を利して独逸人技師の技術を根底に、愈よゴム履物の近代化生産様式を採用するに至」る。[8] 特筆すべきは、久留米のゴム産業の発展に、第一次世界大戦、とりわけ日独の邂逅と交流にドイツ兵俘虜が果たした役割が注目されていることである。第一次大戦中、日本に移送されたドイツ人捕虜は約四七〇〇人に及び、青島に派兵された第十八師団の衛戍地久留米には一九一四年十月、久留米俘虜収容所が設置された。こうしたなかでドイツ人捕虜と日本人のさまざまな交流があったことが近年明らかにされている。こと久留米においても音楽・スポーツ交流のほかハム、ソーセージなどの食文化が根づくきっかけとなったことも指摘されている。[9] なかでも特筆すべきは、第一次世界大戦、ドイツ人捕虜との出会いが久留米のゴム工業、ひいてはブリヂストン誕生の一端となったといえることだろう。ドイツのゴム会社に勤務しゴム配合技術に詳しかったポール・ヒルシュベルゲルが一九二三（大正十二）年日本足袋に採用され、一九三二年まで日本足袋久留米工場で技術指導にあたったことが明らかにされている。[10]

第一次大戦の好景気を受けて中小のゴム会社が日本各地に生まれた。一九一五（大正四）年にはゴム製品輸入額が四十一万円に減少したのに対し、輸出は一挙に三四〇万円となっている。工場数も一九一四年の三十八工場から一九一六（大正五）年には六十五工場、一九一八（大正七）年には一一五工場、一九二〇（大正九）年には二六二工場、一九二一（大正十）年には四五六工場に達している。国内におけるこのようなゴム工場の膨張[11]があった。こうした民族系ゴム企業は小資本の町工場的手工業による低賃金に支えられた低価格の自転車チューブやバルーン、ゴム底靴などの製品製造に特化し、内需と輸出生産力に力を注いでいた。先進国に比較して日本製品は劣悪であり、粗製濫造の非難をうけ、せっかく開拓してきた海外市場も、またたく間に欧米製品にとって代わられ、日本のゴム工業はここに反省期にはいったのである。[12] 高い技術力と資本を要する自動車タイヤについては米英二大企業の寡占状況が続くことになる。当時の日本のタイヤ市場は英国系ダンロップが独占するなか、第一次大戦後の一九二〇年戦後好況を受けて横浜ゴムが創立、一九二四（大正十三）年には米国のグッドリッチタイヤの資本技術提携により、ダンロップゴムと横浜ゴムの英米系二大企業が日本国内のタイヤ市場を席巻する。

地下足袋と日中戦争

今やその製品たる地下足袋とゴム底靴は農村や都市労働階級の労働用履物たる「わらじ」「草履」と共に不経済と不衛生を駆逐し耐久力と経済と利便を与えて益々進展をつづけている

（「大阪毎日新聞」一九三四年五月三十一日）

日本の労働現場で用いられる履物に革命的な変革が起こったのも、第一次大戦から大正末年にかけてといわれる。炭鉱労働作業においても一九二三年から二四年頃にはほとんどすべてが草履を廃したという。茂野吉之助は、九州のある炭鉱の統計を例に、稼働延人員千人につき下肢の負傷者数が一九二二（大正十一）年一・五〇であったの一九三八（昭和十三）年には〇・一四、十分の一以下にまで低下していたことを明らかにしている。また草履と地下足袋の耐久性とコストの比較においても、草履が一人一日一・七足×十銭×実働二十五日＋草履用足袋（古物）一カ月一足×五十銭、それに対して地下足袋が一カ月×一円十五銭で済んでいることをみても、草履から地下足袋への転換がとてつもなく革新的なものであったことが示されている。[13]

満州、上海両事変以来の日支関係は甚だ面白くない状態が続けられて来た、しかし支那は経済的にわが国の重要市場であって、わが国はこの支那に販路を開発し、良品を廉価に販売して支那の文化を助長してやることが、隣邦日本としての義務であると等しく、事業自身の大をなすゆえんである、殊に世界的に経済戦が激化しつつある折から支那に対する進出は国家的にも必要事である。

（「大阪毎日新聞」一九三四年五月三十一日）

一九三一年十二月日本が金本位制を離脱し、平価切下げをおこなった一九三二（昭和七）年以降、日本経済は軍需と輸出に支えられ、「繁栄の孤島」と呼ばれるほどの発展を遂げたといわれる。[14] 金輸出再禁止により為替が下落し生ゴム輸入が困難になったが、それを上回る輸出の伸長によってゴム工業にも続々と中小の参入がすすんだ。一九三三（昭和八）年には、キャンバス・シューズなど布帛製ゴム底靴が輸出総額の三六パーセントを占め、ゴム製品の輸出総額は四五六〇万円に達した。[15] さらに福岡市役所産業課によれば、一九三七年当時の博多港重要輸出品は日本ゴム、つちや足袋製のゴム製履物とゴム底地下足袋であった。福岡産のゴム製履物は一九三万円、久留米産が一八二万六千円で、ゴム底地下足袋は価額一〇九万円、ゴム製履物に次ぐ博多港重要輸出品であった。仕向港は大連、釜山、仁川、鐵嶺浦、その他満州各地に渡っていた。さらにタイヤとチューブは新興重要輸出品の花形とされていた。少量の横浜ゴム出荷の外、すべて久留米ブリヂストンタイヤ会社の生産で価額は三十六万七六八五円、まさに今後が期待される新興の輸出品であった。博多港までの運搬は「急行電車、トラック半々」で仕向先は仁川港、大連港を経ていずれも大連であり、博多港が中国、朝鮮各地と強く結びついていたことをみてとることができる。[16] 満州向けには、一九二五（大正十四）年から地下足袋の輸出がはじまり、年間「太陽牌」という商標で信用を博し、年間一千万足の輸出を誇るまでになり満州各地に三十軒の代理店を設けられている。[17]

一方で、人々の日々の暮らしや労働環境に革新的な改善をもたらす発明が、軍用としても重用されることは時代と場所を超えて忘れてはならない現実である。近代日本の履物に革命をもたらした地下足袋も例外ではなかった。上海事変には同社製品のアサヒ地下足袋が始めて実戦に参加したことが当時の新聞紙上にとりあげられている。

爆弾三勇士の護国の熱血に彩られた尊い遺留品が、久留米工兵第十八大隊に大切に保存されている、そのうち当時江下武二一等兵が穿いていた左片足のアサヒ地下足袋、作江伊之助一等兵が替靴代用として背嚢に付けていた股無地下足袋がある、決死隊三十六名の勇士全部がアサヒ地下足袋に穿き替えて壮烈な爆破を決行した上海事変廟行鎮鉄条網突破の忠勇無比鬼神も泣かしむる奮闘振りがアリアリと目当たりに見ゆるようである

（「大阪毎日新聞」一九三四年五月三十一日）

石橋正二郎自身、地下足袋の軍用としての重要性にも言及している。

地下足袋は戦争にも不可欠の軍需品であった。鉄条網の電流千ボルトにも耐え得るから、市街戦などに絶対必要で、またぬかるみの多い戦場においては、活動が敏速で、疲労が少ないため兵士たちは地下足袋を履いて戦った。それでみんな背嚢に二足あて背負って出征した。……東条首相は私に会う毎に地下足袋の増産を頼んだほどであった。（石橋正二郎『私の歩み』）

靖国神社石灯籠に刻まれた「爆弾三勇士」のレリーフ（東京都千代田区）

ゴム靴と地下足袋　貿易摩擦

このように第一次大戦以降、地下足袋、さらに日本製ゴム靴が原料価格と同一もしくはそれ以下の価格で世界市場を席巻し、欧米の製品を脅かしている現状は各国から強い危機感をもって受け取られていた。一九三三年貿世界貿易会議に際してロンドンを訪れていた石井菊次郎全権に対して、英国のマクドナルド首相は、これは「競争ニ非スシテ『アサシネイション』」ともいうべきであると表明している[18]。さらに蘭

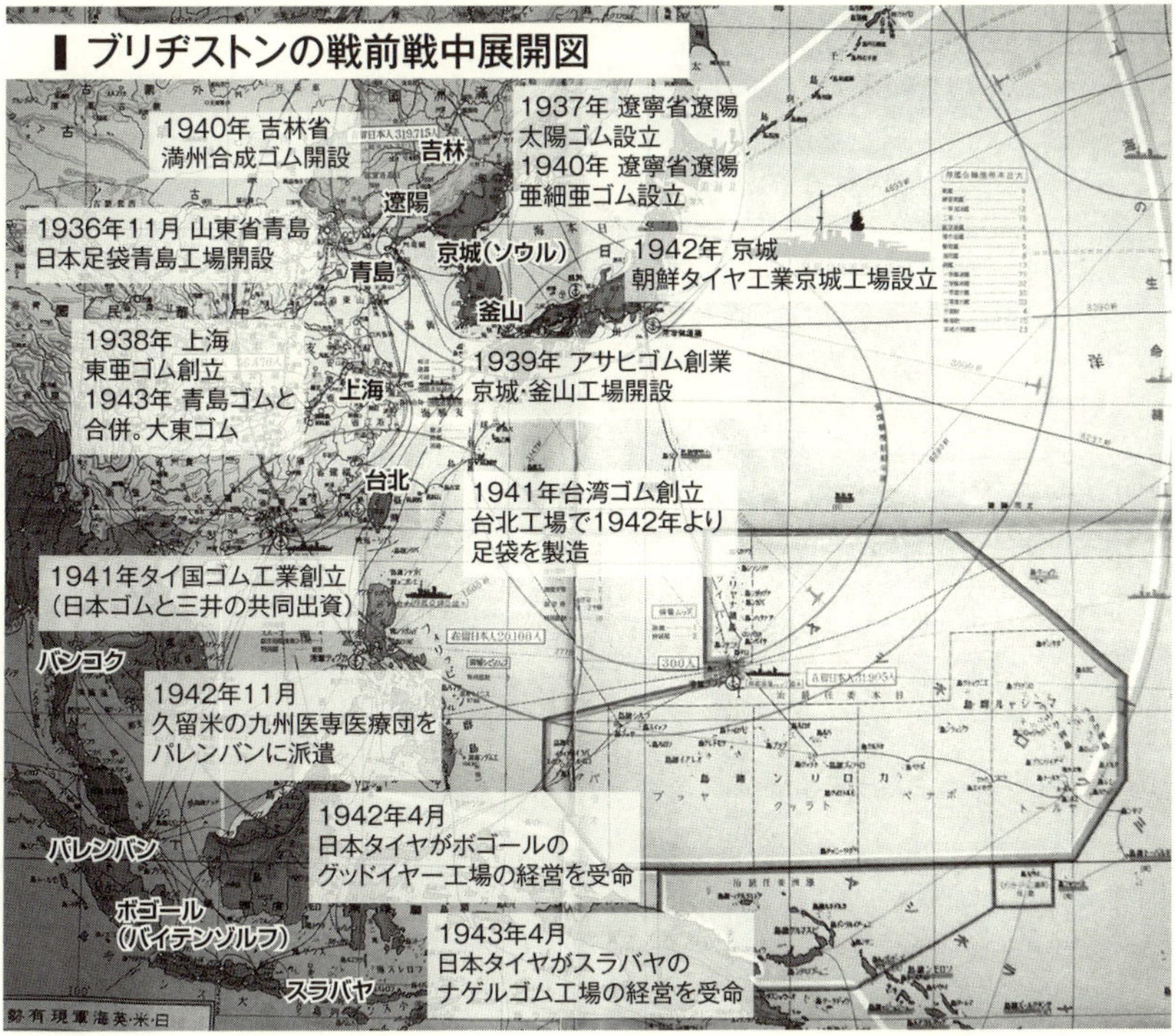

※石橋正二郎『私の歩み』1962年,『ブリヂストンタイヤ五十年史』1982年などをもとに作成（基図にはキング編輯部編纂『東亜太平洋地圖』[部分，日本雄辯會講談社，1935年] を使用した）

領東インド現地紙一九三八年四月九日付「ジャワボーデ」は、日本によるダンピングを次のように報道している。

最近日本ハ外国為替手形ノ必要ニ迫ラレテ居ル為カ、蘭印ニ対シ「ダンピング」ヲ行ヒ初メタ気配カ見エル。目下大量ノ日本製自動車「タイヤ」カ輸入サレテイルカ、売値ハ普通市価ノ約半値テ、製造原料ノ購入費ヨリ安ク、日本内地ノ売値ヨリ低廉テアル。斯カル「ダンピング」行為ハ蘭印ニ取リ有害ナモノテアル(19)

深刻なデフレに陥った蘭印においても、蘭印ギルダーは円に対して高値を維持、一九二八（昭和三）年当

■ブリヂストンタイヤのタイヤ等輸出高の地域別推移

タイヤ輸出高の推移

（単位：本）

	満州	中国	シンガポール	蘭印	東南アジアその他	インド	アフリカ	欧州	中南米	合計
1931年	924	1429	12	50	207	100	24	120	－	2876
1932年	2620	336	762	637	3529	5388	553	206	40	14071
1933年	4727	3845	12914	20795	4435	28295	7023	1313	585	83932

モーターサイクル、バルン、トラックタイヤ輸出高の推移

（単位：本）

	満州	中国	シンガポール	蘭印	東南アジアその他	インド	アフリカ	欧州	中南米	合計
1934年	5602	7037	11600	23351	4356	23390	3204	3081	8076	96357
1935年	－	6919	8198	22124	3911	25047	3012	5601	10186	84998
1936年	－	9475	12622	10971	3786	21045	2709	5409	15689	81706

※本表に表れない地域別輸出を含み合計と一致しないと推定される

『ブリヂストンタイヤ五十年史』より作成

時一円あたり一・六ルピー（英領インド）が一九三五（昭和十）年に一・一ルピーの値上がりに留まったのに対して、蘭印ギルダーは一九二八年当時一円あたり一・三ギルダーが一九三五年には〇・七ギルダーに高騰している[20]。他の地域にもまして一九三〇年代の日本のインドネシア市場への進出成功の要因として指摘されている。

一九三〇年代蘭印政府の植民地経済政策のかなめは、自由放任を転換し政府による広範な介入と統制によって世界恐慌を乗り切り、主として原住民労働者向けの安価な日本からの輸入品（低賃金商品）によってコスト削減に努め大規模農園の国際競争力低下を食い止めることにあった。さらに輸入代替から輸出志向の将来的な植民地工業の発展に向けた外国の資本と技術の導入にあった。アメリカを中心とする巨大な多国籍企業の支店開設が奨励されたという。一九三〇年代にはゼネラルモーターース、グッドイヤー、ナショナル・カーボン、ユニリーバ、ベータなどの企業がすべてプラントを建設している。一例をあげれば、グッドイ

ヤーは一九二九（昭和四）年工場設置につき交渉をまとめ工場敷地をジャワのバイテンゾルフ（ボゴール）に決定、翌年には工場建物を完成させて一九三一年より本格的製造を開始、機械輸入等の税減免など蘭印政府の優遇措置のもとで自動車タイヤ月算二万本、自転車タイヤ十八万本、その他タイヤ修繕材料及び軍需品を製造していた。[21]アン・ブースはバーバーとともに、蘭印市場が日本の低賃金商品に依存しつつも、蘭印当局が輸入数量制限などの保護主義政策を正当化するための議論が、本質的にはすべて日本脅威論に関連づけられていたことを指摘している。また、こうしたオランダ本国及び蘭印政府の対日警戒・日本脅威論とは裏腹に、むしろ地方理事官レベルや現地貿易商のなかには、現地住民のニーズに対応し、現地企業のコスト削減に利する安価な日本製品の輸入を歓迎する向きもあったことも事実であった。さらに日中戦争勃発による中国・東南アジアにおける日貨排斥の影響がそれまで蘭印市場を支配してきた中小を含むさまざまな日系と中国系の貿易商の結びつきを後退させる一方で、日蘭政府レベルでの「折り合い」により、日本の製造業者と保守的なオランダ商社の結びつきが強まったこと、安価な日本製品取引を武器とした革新的でダイナミックな中国系、アラブ系、さらにジャワ・スマトラの現地人系ビジネス集団の成熟に悪影響を及ぼしたことが指摘されている。[22]

「護謨ハ南洋綿布ハ日本　其他日支双方ヨリ」――青島大陽鞋廠の設立

石橋正二郎はかねてから、製品を輸出するだけでなく、そのなかでも中国当時四億の人口を相手にするためには現地生産をやらねばならないと考えていたと述べている。[23]

一九三三年、三井物産のすすめにより、石橋正二郎の日本足袋は「支那本土中もっとも親日的である」といわれた山東省青島の滄口に一万五六五〇坪（五万一七三九平方メートル）の工場用地を購入、コンクリー

青島ゴム工業青島工場（『ブリヂストンタイヤ五十年史』）

ト三階建の工場を建てて、青島太陽鞋廠と命名した。[24] 二年後の一九三五年二月七日付で青島市郊外の工場設置並営業許可願が、日本足袋株式会社代表取締役石橋正二郎名で在青島総領事坂根準三宛申請された。営業種類はゴム製品類製造並びに販売であり、使用職工六十名を手始めに一九三五年六月以降三百名、一九三六（昭和十一）年からは五百名に拡大を計画、中国市場向けに昭和十年度年産五十万足、さらに翌年には一五〇万足の製造を計画するものであった。注目すべきは、原料仕入れ先として「護謨ハ南洋綿布ハ日本　其他日支双方ヨリ」とされた点である。同年二月二十一日、在青島総領事は広田弘毅外相宛、青島市外滄口に日本足袋青島工場設置営業許可申請を受け、「一応調査ノ結果差支ナシト認メタルニ付……許可方取計置」いたことを報告する。[25] 一九三五年五月二十五日には盛大な開場式が開催される。ゴム靴製造を中心とした青島太陽鞋廠と同時にブリヂストンタイヤ会社青島工場も併設され、中国向け自動車タイヤ生産も開始される。

だが満州事変、さらに一九三七年以降日中戦争の本格

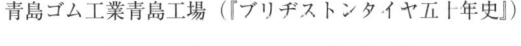

化に伴い、状況は一変する。為替許可制が強化され、一九三八年の生ゴム輸入は四〇八五六トンで前年より三〇パーセント以上の減少をみた[26]。生ゴムの輸入統制、配給統制、それから生産統制という国内統制の強化で国内生産販売が不可能になる。外貨支払節減のため、三十数種に上る国内向製品の製造が禁止された[27]。一九三九（昭和十四）年四月から「自動車用タイヤ、チューブ配給統制規則」が実施され、天然ゴムは、軍需品など特別の場合を除き割り当て制となった。シェアトップの日本ダンロップが四二パーセント、ブリヂストンが三〇パーセント、横浜ゴムが二八パーセントとなった。翌年からは三等分になっているが、ブリヂストンは国内産製品の輸出も制限され、在庫の天然ゴムのなかから六〇〇〇トンを供出させられたという[28]。この配給統制規則では、外地に対する移出品や円ブロック向輸出品についても統制の例外とはならず、「原則として製造業者より直接之を供給しむる」方針とされた。これによりあらゆる局面で企業の自主的な製造・輸出は不可能となった[29]。

そこでブリヂストンは国内生産に代わる海外戦略を構築することになる。一九三九年七月二十七日付で日本ゴム石橋正二郎社長は、興亜院華北連絡部青島出張所長柴田弥一郎宛、次のような趣意書を提出する。

北支方面ニ於テモ今後治安ノ改善、産業ノ開発ニ伴ヒコレガ需要漸次増大致スベク特ニゴム靴ノ如キハ風土習慣ノ異ナル支那ニ於テハ日本内地トソノ趣ヲ異ニシ、特ニ一般大衆ニトリテハ生活ノ必需品ニシテ又一面宣撫工作上ヨリモ極メテ有効適切ナルモノト認メラレ居候……一日モ早ク北支那方面ニ於テ再生ゴム工業ノ単一的確立ヲ計リ国際収支ノ改善ニ向ヒ努力スル必要アリト痛感スル次第ニ有之、又既ニ統制下ニ在ル日本内地ヨリ北支那ヘノ再生ゴム輸入不可能ナル今日至急現地自給ノ計画ヲ樹テルコト目下ノ急ト信ズル次第ニ有之候石橋は、中国における自給生産体制を目指し、現地市場に向けた「実用廉価品ノ大量生産」を強く訴える。これを受け、柴田は青島の再生ゴム工場増設を九月十日付で認め、日産七トンを目標とした。その際には、「再生ゴム使用ニヨリ生ゴム輸入量ヲ可及的ニ減少スルト共ニ再生ゴム原料タル屑ゴムモ可及的ニ現地ニテ蒐集スル如ク努ムルモノト」された[30]。

さらに青島ゴム株式会社とブリヂストンの製品棲み分けと協働をはかるため、「日本品ヨリ一級下ノクラストシテ自己ノ地盤ヲ開拓」し、「青島ゴム、BS両社ノ連絡ニヨリ相共ニ自国品ノ拡張ニ邁進シ得ルモノト信ズ」と訴えている。配給統制により身動きのとれない国内ブリヂストンを代替すべく、このように青島ゴムを海外の重要生産拠点として石橋が市場目標としたのは、シンガポール、フィリッピン、ジャバ、シャム、スマトラ、セレベス、インド、セイロン、東アフリカ、世界的な拡がりをもつものとなっている。その際の販売戦略は、「青島ゴム製品ハBSノ既存販売網ヲ利用スルコトニヨリ左ノ地方ヘノ販路ヲ保証シ得レバ外国ニ仰グ原料ヲカバースルノミナラズ外貨獲得ニ貢献スル所又不尠ルモノナリ」とするものであった[31]。

昭和十四年　国家総動員のなかの合成ゴム事業開発と満州

昭和十四年度総動員試験研究令命令計画案には、その筆頭に、ブリヂストンタイヤに対して合成ゴムの製造についての試験研究を命令することが明記されていた[32]。さらに政府と軍は、花江電力を利用して満州電化の製造に成るカーバイトから合成ゴムを製造する計画を立案していた。「取敢ず年産二千トンを目標」とし、完成後には年産二万トンをもくろんでいた[33]。

一九三八年七月、満州国総務長官星野直樹、産業部次長岸信介、満州電気化学社長山崎元幹らの石橋正二

郎に対する合成ゴム工場建設への再三の協力要請がなされた。石橋は「責任の重大さを考え、慎重を期して即答いたしかねていた」。その後も強い説得があり、ブリヂストンと半々出資で、一九三九年四月、資本金五百万円の満州合成ゴム工業会社が創立された。石橋は満州中央銀行より二五〇万円借入れて出資、社長は合成ゴム研究の権威でもあった梅野実、常務は大江力と難波経一が就任する。石橋は一九三九年二月零下二十度という酷寒のなか吉林を訪れ自ら十万坪（三十三万六〇〇平方メートル）の土地を買収したという。一九四〇（昭和十五）年九月より合成ゴム工場の建設に着手したが、大戦で資材難のため予定よりもおくれ、ようやく試運転にこぎつけたところで終戦となる。[34]

ジャワ工場の委任経営

太平洋戦争下、日本軍が占領したアジア各地において「重要ナル敵産企業ハ帝国ノ戦力ヲ培養シ戦後ノ敵側復活ヲ封殺スル為抜本的ニ処理セラルルモノ」とされた。軍は、これら敵産企業を「悉ク帝国ノ帰属ニ移ス」こととし、経営のノウハウを持たぬ軍の代行機関として「民間企業者ノ企業心ト報国ノ念トニ信頼シ」その経営を委託することとなる。[35]

石橋正二郎は、一九四一（昭和十六）年秋、「陸軍大学の某中佐が来社し、これは極秘であるが外地に自動車タイヤ工場の建設計画があるので、経験のある技師二名を嘱託として出してもらいたいと交渉をうけたので、私は西原好技師を出すことにした」と述べている。開戦をまえに、数多くの民間企業技術者が軍嘱託のかたちで、あるいは徴用のかたちで秘密裏に動員されている。西原技師は一九四二（昭和十七）年のジャワ上陸作戦に加わり、上陸後ただちにバイテンゾルグのグッドイヤー社工場接収の任務に従事したという。接収の三日前に米国人をはじめとした幹部従業員は退却し、日本軍進攻までに貯蔵品、機械部品などは盗難にあったため、営業再開はそう簡単なことではなかったといわれる。陸軍省は、一九四二年五月正式にグッドイヤー社バイテンゾルフ工場を日本タイヤ（旧名ＢＳ）にその経営を委託する命令を公表している。ブリヂストンからはすでに現地で工場復旧にあたっている西原技師に続いて、福永を取締役として昇格させ、民間技術者からなる渡南班を組織させた[36]。このことを石橋は次のように回想している。

軍から経営委託されたグッドイヤー社ジャワ工場（『ブリヂストンタイヤ五十年史』）

出発にあたり、福永氏を特に取締役とし、私が訓示したことの第一は、困難な任務をはたし祖国に奉仕すること、第二は、部下の生命を守り無事に帰国すること、ついては目下のところ大勝利だと国民は喜んでいるが、この戦争は敵が強大国であるから最後の勝利は予測しがたい、もし戦争が不首尾におわって引きあげるような場合、軍は勢いに乗じてどんな命令を下すかもしれぬが、工場設備を完全な姿のままにして返すことは日本精神でもあるし、みんなの生命を全うするためにも君はいのちがけで私の命令を守り通してもらいたい、ということであった。

グッドイヤーバイテンゾルフ工場では工員千名余りを雇用、「自動車、飛行機、自転車用のタイヤ・チューブの製造では南洋唯一の工場」として操業が続けられた。このほか付属工場としてスラバヤのナゲール工場も一九四三（昭和十八）年三月付で経営を委任されたが、ここでは従業員三五〇名でバイテンゾルフと並行して一九四二年八月より操業を開始していた[37]。終戦時には、「引きつぎにきたグッドイヤー社員とも温かく握手して無傷のまま引きわたすことができ、現地人が別れをおしむほどに平穏無事でひきあげることができたのは幸せであった」と石橋は回想している。

大東亜共栄圏下ゴム工業の現状

国内での配給統制強化に「ゴム飢饉」とまでいわれるほど苦しんでいた日本のゴム工業界は、太平洋戦争に伴い南方地域を軍事占領することで、「マレー五十四万トン、仏印六万四千トン、泰国四万三千トン、東印度五十三万六千トン、ビルマ九千トン、比ボルネオ一万七千トン、サラワク三万五千トンと我が占領地を含めた南方圏の十五年度生ゴム生産額は合計百二十四万四千トンで世界産額の百三十九万一千トンに対して八十九％の絶対高率を占め」ることになった。一方で日本の生ゴム輸入消費量は一九三四（昭和九）年段階で七万トン足らず、日本の占領・支配下にあった満州、関東州、中国での消費分も二万五〇〇〇トン、南方現地での当面の消費約一万トンを加えて見ても一一万トンというわずかなものにすぎなかった。一方で開戦前の米国のゴム年間消費は六〇万トンにも及んでいた[38]。太平洋戦争開戦後、一九四二年の夏までは順調に輸入が続いたが、「物資動員計画が輸送あるいは保管の対策を講じなかった」ため、戦局の悪化とともに一九四三年には輸入が前年比で半減した。以後輸送の途が絶たれ、日本本土における生ゴム不足が深刻化する。航空機用タイヤ、チューブ、ゴム製品、防弾タンク用ゴム板の生産は至上命令として増産が強行されたものの、一九四五（昭和二十）年三月以降空襲の激化とともに生産はガタ落ちとなる[39]。その一方で皮肉なことに、南方各地では消費しきれないゴムがだぶつくようになる。ジャワにおいても生ゴム生産はされるものの、製品加工に必須のカーボンブラックなどの供給が途絶え、「護謨工場の整備と相俟ちタイヤ、チューブ等護謨製品の増産を期待しあるも加工原料（カーボンブラックなど）の不足の現況に鑑みゴム利用の開拓に努め靴底、包装材料等として極力現地消化の増加に努」めざるを得ない状況に陥ることになる。(40)

ブリヂストンの生存戦略　協力と抵抗

石橋正一郎がブリヂストンの企業戦略としてときには政府や軍部と妥協・協調しながらも、決してそのいいなりのままになることなく長期的な視野に立ち、揺るぎない信念を以て経営に努めていたエピソードはいくつも見出すことができる。石橋自身の回想である『私の歩み』には、慎重な筆致ながら独特の言い回しでその思いを読み取ることができる。

満州における合成ゴム工場建設に際しては、星野直樹、岸信介、山崎元幹らの再三の「要請」に対しても「責任の重大さを考え、慎重を期して即答いたしかねていた」。当時の政治状況で「慎重を期して即答いたしかねる」ことの意味は大きい。

また一九四五年七月には、連合軍九州上陸に備えて久留米工場の本州疎開が要求された。石橋は「すでに時期は遅し、資材および輸送難の折柄不可能である、もしやれば生産はストップし、反って不利を招く、という理由でこれを拒絶した。これに対して九州の軍需監理官から、生産責任者をやめさせる命令があったという。さらに久留米市の近郊に分散疎開を命じられたので無用の混乱を引きおこし生産は阻害され損害は甚大であったと石橋は回想している。(41)

さらに、戦時中軍用以外の民需用製造機械の鉄屑としての供出を命じられていた久留米工場では、その機械を「工場幹部は後日の利用を考え隠して保存していたのが幸いして」、戦後早くも十月からただちに自動車タイヤ、自転車タイヤの生産設備にすえかえ、生産を再開するに至っている。

また、石橋の回想にも触れられていないが、一九四〇年一月、青島ゴムの増資拡充に大きな役割を果たしていた実弟の石橋進一が、突然その召集猶予を取り消されている事実がある。戦時下の統制強化と軍部内の管掌の錯綜、いわくいいがたい「圧力」をこのなかに感じ取れないだろうか。石橋は、こうした時代の「圧力」のなかで高い先見性と倫理を以てブリヂストンを守り抜いたといえるのであろう。[42]

最後に特筆すべきは、開戦前より反軍国主義的政党政治家として軍部から敵視され、さまざまな圧力を受けていたリベラリスト鳩山一郎を戦時中も一貫して陰に日に支援し、一郎の子息威一郎と令嬢の縁組をすすめたことである。戦後は鳩山一郎の自由党結成、総選挙応援、さらには自由党復帰などさまざまな局面で鳩山を支えていくことになる。そのいきさつを石橋は次のように回想している。

私が鳩山一郎さんと知合ったのは、昭和一六年（一九四一）一月に久留米出身で当時大日本製糖会社の重役だった小倉敬止という親しい老人から両国の相撲見物に招待された際、紹介されたのが始まりで、鳩山さんは、「大きい声では言えないが軍部がこういう風だからアメリカと戦争になりそうだ。これをどうしても食い止めなければ日本はつぶれる」といろいろ深刻な話をされ、私も同感であった。

（石橋正二郎『私の歩み』）

今後の研究方向

旧藩時代の家内手工業的な足袋づくりが企画化・均一価格化、給料制の導入など経営の近代化によって久留米のみならず日本を代表する産業の礎になったことはブリヂストンの歴史を振り返るなかで重要な点である。さらに第一次世界大戦は、当時の「帝国主義」の時代要請であった「人口、資本、面積」が狭小な日本の生存戦略を顕在化させた。対華二十一ヶ条要求にみる中国大陸における満州・華北権益をもとにした「北守南進」、さらには南洋群島獲得で盛り上がった「南進」の動きである。「護謨ハ南洋綿布ハ日本　其他日支双方ヨリ」求めた石橋の青島戦略は、日本の北進・南進ふたつの対外政策を見事に産業に結びつけ、平和的経済進出を目指すものであった。さらに石橋正二郎が、ブリヂストンの企業戦略としてときには政府や軍部と妥協・協調しながらも、決してそのいいなりのままになることなく長期的な視野に立ち、揺るぎない信念を以て経営に努めていたことも明らかにしつつある。戦前の激しい国際的販売競争、戦時下の統制・圧力を生き抜き、高い企業倫理と先見性を以て米英の敵産管理にも努力したブリヂストンは、戦後米国のグッドイヤーとの連携により世界的企業としてさらに躍進することになる。そのはじまりは、戦前フォードとの間を繋いだクックの入社、戦時中のバイテンゾルフ工場委託経営・終戦を経て、一九四九（昭和二十四）年四月グッドイヤー社極東部長のハードレーが来日、陸軍大佐として来日中だったクックの紹介で石橋正二郎と面会したことにあるようである。ハードレーは開戦前におけるバイテンゾルグ工場の責任者であった。こののちグッドイヤーのリッチフィールド会長が来日、石橋と目黒雅叙園にて面会、「握手ののち、リッチフィールド会長から先ず同社ジャワ工場を元よりも立派にして返してくれたことを感謝された」という(43)。

最後に戦時下の一九四二年、石橋が新聞紙上の財界座談会での発言を紹介したい。さまざまな制約のもとで発表されたものであるにも関わらず、石橋のゴム工業に対する熱い思いと、戦後大飛躍を遂げる合成ゴム工業の将来をも示唆したものとなっている。

従来日本製ゴム靴とか自転車タイヤと云えば南洋市場で安物の代表の様に思われ又又実際に英米品の値段の半分以下で売られて居ったのですから之ではよい品物が出来たり技術の向上を図ったりする事は全く至難という他なかった

ゴム工業技術の世界的水準への向上という事が大量生産と云う事と共に私共の大切な目標であると固く信じて居る

（「日本工業新聞」一九四二年八月七日～十五日）

ブリヂストンの国際展開をめぐる戦前と戦後の連続性と対照的に、戦前期から太平洋戦争開戦に至る日本には資源外交と呼ぶに足る一貫した対外政策が存在せず、場当たり的な資源政策が最終的に敗戦を招いたことが指摘できる。[44] こうした背景のなかで、石橋正二郎は企業としての主体性・自律性の確保に苦闘し、長期的な視野のもとでブリヂストンの国際的展開をすすめていたことがいえるであろう。今後の課題としては、グッドイヤーとブリヂストン、石橋と柴田がつなぐ華北＝インドネシア関係、西島重忠を鍵としたインドネシアナショナリズムと石油資源開発をめぐる問題などに焦点を当て、インドネシアやオランダ、米国をはじめとした各国史料を含めたさらなる実証調査を行う必要がある。国家レベルにおける資源に対する誤解・低認識が我国の資源政策を迷走させる一方で、アジア諸国や米国、民間レベルにおける戦前・戦中を通じた地道な交流・取り組みの経験が、戦後ブリヂストンの国際的飛躍の足掛かりとなったことを、さらに考究を深め、引き続き稿を改めて明らかにしていきたい。

注

（1）久留米商工会議所編『躍進！　久留米を語る』久留米商工会議所、一九三七年
（2）西日本新聞社久留米総局編『情熱の足あと　ブリヂストン創業者　石橋正二郎』西日本新聞社、二〇〇九年
（3）久留米商工会議所前掲書
（4）木村時夫「対華二十一ヶ条要求と大隈重信」、「早稲田人文社会科学研究」第二十三号、一九八三年
（5）木村時夫前掲論文

（6）奈良岡聰智『対華二十一カ条要求とは何だったのか』名古屋大学出版会、二〇一五年
（7）「読売新聞」二〇一四年六月七日
（8）「産業経済新聞」一九四二年十一月十八日、神戸大学新聞記事文庫
（9）林美和「久留米俘虜収容所での生活」、『国際都市長崎からみたドイツ　もうひとつの交流史』長崎歴史文化博物館、二〇一五年
（10）中野政則『正二郎はね　ブリヂストン創業者父子二代の魂の軌跡』出窓社、二〇一二年
（11）岡山県商業会議所産業調査委員会『岡山県におけるゴム工業の実態』一九五四年、岡山商業会議所
（12）岡山県商業会議所産業調査委員会前掲書
（13）茂野吉之助「地下足袋の問題」、仝「石炭飢饉と地下足袋」。全日本地下足袋共同販売株式会社編『石炭増産と地下足袋の問題』一九四二年所収
（14）中村隆英・原朗編『現代史資料　四十三　国家総動員　二』みすず書房、一九七〇年
（15）岡山県商業会議所産業調査委員会前掲書
（16）福岡市役所産業課『博多港輸出品の概況』昭和十三年
（17）石橋正二郎『私の歩み』一九六二年
（18）近頃日本輸入品（「ラバー、シューズノ例ヲ擧ク」ハ原料価格ト同一又ハ夫レ以下ノ■値ヲ以テ英国産品ヲ襲ヒ右ハ競争ニ非スシテ「アサシネイション」ト言フ■キモノナル由）「石井全権ト英首相トノ会談内容ニ関スル件」昭和八年六月二二日石井経済全権発内田外務大臣宛「倫敦経済会議関係一件（「ローザンヌ」会議ニ基キ開催ノ会議関係）」第二巻（B-10-5-0-14_002）外務省外交史料館（アジ歴 B04122336800）
（19）「英伊協定ノ反響等　蘭印　日本ノ『ダンピング』ハ有害」各種情報資料・支那事変ニ関スル各国新聞論調概要（国立公文書館）」情 00024100 国立公文書館（アジ歴 A03024048000）
（20）アン・ブース「日本の経済進出とオランダの対応」、杉山伸也・イアン・ブラウン編著『戦間期東南アジアの経済摩擦』同文館、一九九〇年。アン・ブースは、もし日本が、一九四〇年代に東南アジアにおいて「軍事的」膨張主義とは区別される「平和的」政策の継続を決意したならば、インドネシア経済における日本の役割は輸入品の供給者として、そしておそらく資本の供給者として増大しつづけたであろうと述べている。
（21）「日本工業新聞」一九四二年五月六日、神戸大学新聞記事文庫
（22）ピーター・ポスト「対蘭印経済拡張とオランダの対応」、『岩波講座　近代日本と植民地』第三巻、一九九三年。一九三〇年代後半以降、オランダが対日警戒を強め、インドネシア現地人社会への統制を強化するなか、

より自由な企業家活動を志向する現地人ビジネス集団とインドネシア民族主義運動が結びつき、この動きに日本が強くアピールしていったこと、日本占領期につながっていったことについてはPeter Post Elly Towen-Bouwsma, eds., *Japan Indonesia and the War*, Leiden: KITLV Press, 1997.

(23) 石橋正二郎前掲書。その後一九四〇年七月には増資のうえブリヂストン青島工場を合併し、資本金一〇〇万円の青島ゴム工業会社として独立されることになる。

(24) 石橋正二郎前掲書

(25)「足袋関係」在青島総領事坂根準三　雑貨関係雑件　外務省記録　外務省外交史料館 E-4-13-0-3（アジ歴 B09042331400）。

(26) 岡山県商業会議所産業調査委員会前掲書

(27)「日本工業新聞」一九四一年十一月二十七日、神戸大学新聞記事文庫

(28) 林洋海『ブリヂストン　石橋正二郎伝——久留米から世界一へ』現代書林、二〇〇九年。「一四　調整第一七〇一号　昭和十四年四月一四日　自動車用タイヤ、チユーブ配給統制規則施行に関する件」「軍需動員に関する書類綴　其一　昭和一四年」中央-軍事行政軍需動員-五　防衛省防衛研究所（アジ歴 C12121514200）。「ゴム／自動車タイヤ及チユーブ」「陸軍物資統制規則解説昭和一五年八月二六日」中央-軍事行政法令-一六六防衛省防衛研究所（アジ歴 C13070742000）。御料品、軍用品、外国公館等の公用品「本邦ニ派遣セラレタル外国ノ大使、公使、其ノ他之ニ準ズベキ使節若クハ領事ノ自家用品又ハ在本邦外国大使館、公使館若クハ領事館ノ公用品」、輸出品（関東州、満州国又ハ中華民国に輸出スルモノヲ除ク）「自動車用タイヤ、チューブ配給統制規則」昭和十四年四月五日、商工省令第十八号、商工行政調査会編『物資統制の知識』商工行政調査会、昭和十四年

(29)「元商工省物資調整局第五部第十一課長阪田純雄談」商工行政調査会前掲書

(30)「趣意書」「(1) 再生ゴム青島工場設置ノ件」昭和十四年八月二十九日　外務省茗荷谷研修所旧蔵記録　外国ニ於ケル化学工業並同製品取引関係雑件　護謨工業関係華北関係（E255）、外務省外交資料館（アジ歴 B06050494700）

(31)「青島ゴム株式会社製品ノ海外輸出ニ関シテ」昭和十五年　本邦会社関係雑件　青島ゴム株式会社　E-2-2-1-3 16 001、外務省外交史料館（アジ歴 B08061268300）。興亜院は日中戦争中の一九三八年、中国における政治経済文化諸政策の企画執行、関係各省庁の対中国行政を統一することを目的として首相を総裁として設置された機関とされるが、実際は現地軍が対中政策を管掌し、行政事務はかえって錯雑の度を加え、中国官民に強い悪印象

を与えたといわれる。その評価は措き、筆者は興亜院華北連絡部青島出張所長であった柴田弥一郎と石橋正二郎の交遊に注目している。柴田は太平洋戦争開始後第二南遣艦隊司令長官としてジャワに派遣され、インドネシア民族運動とのかかわりを深めていくことになる。石橋は戦後インドネシアの石油資源開発にインドネシアエキスパートの西島重忠を介して関与していくことになる。

（32）主務官庁は商工省で、「アセチレンよりモノヴィニルアセチレンを造り之を重合せしめてクロロプレン系合成ゴムを得る方法」の開発が命じられた。企計E科B－第〇〇二号（一）・昭和一四度・総動員試験研究令命令計画案（其ノ二）」返赤24001000　国立公文書館（アジ歴A03032068000）

（33）「朝日新聞」一九三九年六月十日

（34）石橋正二郎前掲書

（35）「敵産企業ノ依托経営ニ関スル件通牒」陸軍次官　木村兵太郎　日本タイヤ株式会社　社長　石橋正二郎殿　昭和十八年「南方甲地域ニ於ケル工業関係事項処理ノ件（第八次）海軍省等移管南方軍政関係（海Ⅱ－1－2）外務省外交史料館　陸軍南方軍政関係史料館（アジ歴B05013057600）

（36）「日本工業新聞」一九四二年五月六日、神戸大学新聞記事文庫

（37）石橋正二郎前掲書。「敵産企業ノ依托経営ニ関スル件通牒」陸軍次官　木村兵太郎　日本タイヤ株式会社　社長　石橋正二郎殿　昭和十八年「南方甲地域ニ於ケル工業関係事項処理ノ件（第八次）海軍省等移管南方軍政関係　海Ⅱ－1－2、外務省外交史料館（アジ歴B05013057600）

（38）「産業経済新聞」一九四二年十一月八日、神戸大学新聞記事文庫

（39）岡山県商業会議所産業調査委員会前掲書

（40）ジャワ軍政監部『軍政下ジャワ産業綜観』第一部（農業）一九四四年。南西－軍政－73、防衛省防衛研究所（アジ歴C14060719400）

（41）石橋正二郎前掲書

（42）「召集猶予者猶予取消に関する件」昭和十五年陸軍省「密大日記」第五冊　S15－4－14、防衛省防衛研究所（アジ歴C01004761800）

（43）石橋正二郎前掲書。『ブリヂストンタイヤ五〇年史』一九八二年

（44）筆者はこれまで石油資源をめぐる外交と南進の問題について考察をすすめている。拙稿「資源外交と南進政策・南方占領」『岩波講座　東アジア近現代通史』第六巻（岩波書店、二〇一一年。〝Transformation of Nan、yo Business Lobby　and Japanese Reentry into Sumatra〟，『佐賀大学文化教育学部研究論文集』第十四集第一号、二〇〇九年を参照。

■本書に関わる報告・文献等

◎報告・公演・シンポジウムほか

「佐賀久留米郷土から近代アジアを考える——木綿と護謨にみえたアジア地域間の交流と摩擦——」

「地域間交流分析に基づく佐賀地域の歴史文化研究——地域学の発展に向けて——（交流プロジェクト）」伊藤弘昭代表　二〇一六年度第二回公開研究会　二〇一六年六月七日　於佐賀大学付属図書館会議室

「九州・東南アジアにおける郷土文化とナショナリズム」平成二十八年度佐賀大学公開講座「佐賀学のススメ——論集『佐賀学Ⅱ』を読み解く」第二回、二〇一六年十月八日（土）於佐賀大学付属図書館研修室

「佐賀・九州から見た近代日本の南方関与」佐賀大学芸術地域デザイン学部学術講演会、二〇一七年一月二十一日　佐賀県有田町、於佐賀県立九州陶磁文化館講堂

◎文献（※は売切れ）

山﨑功「久留米・青島・満州・ジャワ——戦前期久留米ゴム工業発展にみる国策アジア進出への協調と抵抗——」、『佐賀大学地域学歴史文化研究センター研究紀要』第一〇号、二〇一六年三月

山﨑功『郷土とアジアの政治文化・国際関係——アジアのアイデンティティを考える』成文堂、二〇一三年※

山﨑功「田中丸善蔵（玉屋創業二代）と南洋群島進出」、『佐賀大学地域学歴史文化研究センター研究紀要』第六号、二〇一二年三月

山﨑功「副島八十六と近代日本・佐賀・アジア——大隈の日印協会の活動を中心に」、佐賀大学・佐賀学創成プロジェクト編『佐賀学』花乱社、二〇一一年

おわりに ―― 佐賀・九州人と南方開拓

二〇一七年一月二十一日、佐賀県有田町の佐賀県立九州陶磁文化館で、「佐賀・九州から見た近代日本の南方関与」と題する学術講演とミニシンポジウムが開催されました。この企画は、筆者がこれまで続けてきた佐賀郷土ゆかりのアジア主義人脈と南方開拓に関わる研究交流のひとつの節目として、日本学術振興会科学研究補助金助成研究の中間成果還元の試みとして企画されたものです。基調講演を後藤乾一早稲田大学名誉教授にお願いしていましたが、一時体調を崩され、残念ながら今回は後藤教授に事前に準備いただいた報告資料をもとに、佐賀・九州ゆかりの人物紹介とさせていただきました。想定外の状況もあり、その開催には困難が伴いましたが、佐賀大学芸術地域デザイン学部、佐賀県立九州陶磁文化館、そしてご参加いただいた市民のみなさん、学生のみなさんのおかげで、ささやかながらとても意義深い学術講演会・ミニシンポジウムとなりました。後藤先生のご研究成果をもとに、参加シンポジストの専門研究をあわせて紹介し、佐賀・九州から見た近代日本の南方関与について議論しました。

特に今回の講演・ミニシンポジウムの成果は、有田町とのゆかりの深い近代日本の南方調査の先駆である原口竹次郎について、地元有田の方に知っていただくきっかけとなったことです。原口竹次郎は佐賀出身、一八九五年、佐賀県西松浦郡涵養小学校高等科（現有田町立大山小学校）を卒業、一九〇五年には早稲田大学を第一回卒業生総代として卒業しました。米独留学を経て一九一六年早稲田大学教授となりますが、いわゆる早稲田騒動により早稲田大学を飛び出します。台湾総督府に奉職、その後は南洋経済調査の権威として、またオランダ領東インドを拠点とした実業家として成功をおさめます。硬骨の明治リベラリストとして節を曲げることなく己を貫き通したエリート原口竹次郎は、戦争のうねりを前にしても軍事力ではなく、「産業と貿易」に立脚した欧米との協調発展を主張し続けました。その半生は摩擦や衝突も厭わない激しいものでした。

さらに今回の大きな成果は、時代の知識人エリート原口とは対照的な人物として、熊本県出身の市来龍夫の余りにも激しい生涯について、とりわけ平成生まれの学生たち若い世代にぶつけることができたことだと思います。なによりも、市来龍夫のご家族に今回のシンポにご出席いただけたことです。戦後七十数年を経た今日、はるか歴史のかなたの太平洋戦争が、数えきれない人々のひとつひとつの人生に如何なる影響を与えたのか（与えなかったのか）、私たちの祖父、曾祖父らと南の彼方の島々が如何に深くつながっていたのか、有田・佐賀の地からはるか南方のジャワに、そして七十余年の時間の彼方につながり、思いをいたすきっかけを感じてもらえたらと思いました。

市来龍夫は熊本の人吉出身でしたが、近代の荒波のなかで苦労を重ね、活路を海外・南方に求めて写真技師としてジャワに渡航することになります。大きな苦悩と葛藤の果てに、やがて邦人が敬遠する「怠惰」で「未開」の現地庶民生活に魅入られていきます。多くの在留日本人が「原住民」とは一線を画した「一等国民」としての矜持を強く意識するなか、市来は現地邦人社会からは疎外されながらもアジア民衆のなかに分け入り、インドネシア民族運動にどこまでも深くかかわっていきます。戦後はインドネシア人・アブドゥル・ラフマンとして独立戦争に飛び込み、日本が約束したはずの「アジア解放」のため、インドネシア独立のためその命を散らしました。同じ九州人でありながら帝国主義の時代に両極端の道を歩んだ原口、市来ふたりの生涯は、近代日本の南方・アジア関与の在り方そのものを象徴するものとなっています。

ミニシンポジウムでは国内外の研究者連繋により筆者も参加継続してきた共同研究の成果を佐賀・有田と

いう「地方」から発信することを試みました。今回は特に、佐賀・九州の視点から国内外、特に宮城、愛知といった地方の連携視点に立った日本＝東南アジア関係史研究の最前線を市民のみなさん、学生らに紹介することを目指しました。集まってくれたのは、当該分野の研究を切り開き続けておられる後藤乾一教授のもとに集い、育ち、さらに新たな研究の地平を模索している中堅・若手の研究者たちです。後藤教授は日本＝東南アジア関係史研究の専門家として日本のみならず米国、オランダ、インドネシアなど国際的学界を舞台に活躍されています。今回中心にとりあげた熊本県人吉出身の草の根のアジア主義者市来龍夫については『火の海の墓標――ある〈アジア主義者〉の流転と帰結』時事通信二〇〇七年（オンデマンド版、初版一九九七年）、佐賀県有田町の涵養小学校（現有田町立大山小学校）を卒業した南洋調査の先駆的知識人・実業家である原口竹次郎については『原口竹次郎の生涯――南方調査の先駆』（早稲田大学出版部、一九八七年）にまとめておられます。佐賀とアジアも視野にいれた日本の南方関与研究の国際的な研究者です。日本の南進と台湾、沖縄のかかわりについても研究を深められています。さらに現在の中心研究テーマとされている須古鍋島氏と小笠原開拓について、精力的な小笠原現地調査の成果について次回ご紹介いただく計画をたてています。鍋島直彬初代沖縄県令についても改めて機会を設けさせていただきます。

一方で、今回の議論の中心となった日本のインドネシア占領をめぐっては、軍人の立場から軍政・インドネシア独立問題に向き合った佐賀出身の西村乙嗣、鹿児島出身の前田精らの果たした役割についても改めて紹介しなければと思います。

今回集まっていただいたシンポジストについて簡単に紹介したいと思います。宮城大学の山本まゆみさんは、宮城大学を拠点に日本のみならずオランダ、インドネシア、オーストラリアなどのフィールド調査を踏まえて、世界各地に埋もれた太平洋戦争下インドネシア日本占領期に関する一次史料の丹念な発掘をすすめています。それらをもとに、日本占領を生き抜いた女性たちの、人種、国籍、エスニシティを越えた多様な生きる姿を浮かび上がらせようとしています。山本さんの今回の報告でも、「戦争と性」をめぐる取扱いの難しい課題に対する実証主義的な真摯な研究姿勢を若い学生さんに身近に感じてもらえたことと思います。これがみなさんの学問への扉となってくれることを期待します。愛知県立大学からは、一次資史料、インタビューなどの緻密な積み上げを基本手法としてジャワ村落調査を地道かつ徹底して継続、現代インドネシア地域研究を牽引してきた小座野八光さんをお迎えし、シンポのコメンテーターとして議論の精緻化をリードしてもらいました。また、インドネシア内外の多くの文学者・知識人との交流を深め、文学と政治の関わりにとことん分け入ってきた専門研究者高地薫さんは、日本占領下の日本の戦時宣伝を主導した町田敬二大佐(鹿児島出身)に光を当て、知られざる日本の宣伝工作の一端を紹介してくれました。さらに、米国ミシガン、アムステルダム、ハーグ、ジャカルタ、東京、京都など世界各地をフィールドとしてインドネシア地域研究をすすめている研究同志ウィリアム・ブラッドレー・ホートンさんには、「国境を越えた地域的連携をもとにローカルヒストリーを新たなグローバルステージに引き揚げよう」という刺激的な総括をいただきました。常に周縁に位置付けられてきた東南アジア史、東南アジア研究。さらにはナショナルヒストリーにときに飲み込まれ、また対抗してきたインドネシア地域史・佐賀・九州郷土史。国内外地域研究・地方史・郷土史の研究成果をいかに日本＝東南アジア関係史のなかに再構成すべきか。本当の意味でグローカルな連携をすすめる必要性が強く訴えられました。

このたび、これまで筆者が取り組んできた日本＝東南アジア関係史における佐賀・九州要因、とりわけ副島八十六、田中丸善蔵、そして石橋正二郎の三人の南方との関わりに着目した半生とあわせて、佐賀・九州から見た近代日本の南方関与を再検討するささやかなきっかけとなれれば幸いです。佐賀大学地域学歴史文化研究センター、佐賀大学芸術地域デザイン学部、海鳥社のみなさま、関係のみなさまに改めて心より御礼申し上げます。

二〇一七年二月吉日

山崎　功

山﨑功（やまざき・いさお）
1965年まれ。修士（法学）。早稲田大学法学研究科公法学専攻修士課程修了，アムステルダム自由大学 Ph.D. プログラム指導終了中退。早稲田大学社会学研究所助手，アムステルダム自由大学社会文化学部助手を経て，2001年から佐賀大学文化教育学部講師。准教授を経て，2014年，佐賀大学文化教育学部教授。2016年，佐賀大学地域デザイン学部教授

著書：『日本占領下の英領マラヤ・シンガポール』（分担執筆，岩波書店，2001年）『スカルノ──「建国の父と」日本』（後藤乾一と共著，吉川弘文館，2001年），「資源外交と南進政策・南方軍政」（『東アジア近現代通史』第6巻，岩波書店，2011年），『郷土とアジアの政治文化・国際関係──アジアのアイデンティティを考える』（成文堂，2013年）ほか。

佐賀学ブックレット⑤
佐賀《さが》・九州《きゅうしゅう》の南方開拓者《なんぽうかいたくしゃ》たち

■

2017年3月31日　第1刷発行

■

著者　山﨑　功
発行者　佐賀大学地域学歴史文化研究センター
〒840-8502　佐賀市本庄町1
電話・FAX　0952（28）8378
制作・発売　有限会社海鳥社
〒812-0023　福岡市博多区奈良屋町13番4号
電話 092（272）0120　FAX 092（272）0121
http://www.kaichosha-f.co.jp
印刷・製本　大村印刷株式株式会社
［定価は表紙カバーに表示］
ISBN978-4-86656-003-8